はじめての
特別支援学校
学級経営
12か月の仕事術

宮﨑 英憲 監修／
田村 康二朗・緒方 直彦 編著

明治図書

# シリーズ 監修のことば

　特別支援教育の対象とされる子どもは，年々増え続けており，平成27年のデータでは約36万人の子どもが学んでいる。特別支援学校約7万人，特別支援学級約20万人，通常の学級で通級による指導を受けている子ども約9万人である（平成27年5月1日現在）。これは，従来の障害種に加え発達障害の可能性のある子どもの教育支援の割合が増加していることにも由来している。また，種々の事情により，学習上の様々な課題を有し支援を要する子どもの数は，相当数に上ると推測されている。

　特別支援教育の対象とされる子どもは，様々のところで教育を受けているが，子どもたちが快適な学校生活を送っているとは限らない。特別支援学校・特別支援学級・通級による指導等それぞれの場所で，子どもたちの教育課題に合った適切な教育をしなければ，「特別支援教育を受けてよかった」ということにはならない。特別支援教育を受けてよかったと子どもたちが感ずるのは，素晴らしい教師，配慮された施設・設備，そして友達との豊かな学校生活を送ることができた時である。与えられた条件の中で，学級の子どもたちに，それぞれの居心地をよくして学校生活を豊かにしてあげることが学級経営である。

　学級経営の内容を便宜的に整理すると，学級事務，子ども理解と仲間づくり，環境づくり，健康と安全，学習指導（個に応じた指導），教育評価，保護者・関係機関との連携，などに加えて，近年では，交流及び共同学習，キャリア教育・進路指導などに分けられる。これらの内容は，年間を通じて見通しを持ちながら実施していく必要がある。また，学級経営の成否は，子どもとの関わりも持つ新学期当初一週間が鍵となっていることに気付かされる。

　そこで，私たちは，特別支援学校・特別支援学級・通級による指導等の担任教師全ての方々が学級経営をするに当たって，すぐに役立つものをと考えて本書の企画・編集をした。企画の段階では，校種の教育の特徴等を生かすことに留意して，特別支援学校編と特別支援学級編を分けて編集することとした。いずれも3章構成で，1章 学級経営のポイント，2章 新学期の準備と最初の一週間，3章 12ヶ月の学級経営 となっている。特別支援学校編は，東京都立鹿本学園総括校長 田村康二朗先生，東京都教育庁指導部主任指導主事 緒方直彦先生に担当いただいた。特別支援学級編は，調布市立飛田給小学校長 山中ともえ先生，新宿区立東戸山小学校長 川崎勝久先生，江東区立有明小学校長 喜多好一先生に担当いただいた。ご協力に深謝する。

　執筆に当たっては，全国各地の特別支援教育で実績のある先生方のご協力を得た。執筆された先生方に心からお礼を申し上げる次第である。

平成29年3月

監修者　宮﨑　英憲

# 目　次

シリーズ　監修のことば　3

## 1章　特別支援学校の学級経営のポイント　9

## 2章　必ず成功する！新学期の準備と最初の1週間

1　新学期の準備
　　担任する子どもの引き継ぎと実態把握　14
　　始業式前日までの担任実務チェックリスト　15
　　作成する書類　16
　　教室環境の整備　17

2　はじめが肝心・最初の1週間の過ごし方
　　1日目――始業式前後の指導　18
　　2日目――学級内でのルールについての指導　20
　　3日目――集団生活についての指導　22
　　4日目――学校生活についての指導　24
　　5日目――学習指導，保護者対応　26

## 3章　必ず成功する！〈特別支援学校〉12か月の学級経営

### 4月
　概説　30
　学級事務――学級経営計画の作成／PTA役員の選出と連携　32
　環境づくり――安全な教室環境の整備／学級の基本的なルールづくり：高等部　34
　個に応じた指導――年間指導計画の作成／個別の指導計画の作成　36
　健康・安全の確保――安全な通学／障害及び健康に関する実態把握　38
　キャリア教育と進路指導――学級における役割決め／基本的な礼儀指導　40
　交流及び共同学習――交流計画の作成／交流校との打ち合わせ　42
　保護者・関係機関との連携――個別の教育支援計画の作成／
　　　　　　　　　　　　　　　個別の教育支援計画の確認　44

## 5月

- **概説** 46
- **学級事務**──就学奨励費の確認／学校徴収金の管理 48
- **環境づくり**──見通しがもちやすい掲示／春を感じる掲示 50
- **個に応じた指導**──学習指導案の作成／教科等を合わせた指導①：生活単元学習 52
- **健康・安全の確保**──アレルギーへの配慮／校内移動における安全指導 54
- **キャリア教育と進路指導**──「自分の長所を知る」授業／
  「他人の長所を知る」授業 56
- **交流及び共同学習**──交流校への事前訪問／特別支援教育コーディネーターとの連携 58
- **保護者・関係機関との連携**──連絡帳の活用①／
  学級通信の活用 60

## 6月

- **概説** 62
- **学級事務**──宿泊行事の準備／保護者会の準備 64
- **環境づくり**──学習意欲を高めるための掲示／学級・学校図書の整理と活用 66
- **個に応じた指導**──日常生活の指導①：食事・歯磨き／
  教科等を合わせた指導②：中学部作業学習 68
- **健康・安全の確保**──校外学習における安全指導／交通安全指導 70
- **キャリア教育と進路指導**──様々な仕事を知る：小・中学部／
  様々な仕事を知る：高等部 72
- **交流及び共同学習**──障害に配慮した交流及び共同学習の事例①：小・中学部／
  地域行事への参加 74
- **保護者・関係機関との連携**──支援会議の準備①／
  関係機関についての情報提供① 76

## 7月 8月

- **概説** 78
- **学級事務**──出席簿の管理／学級経営計画の評価・見直し① 80
- **環境づくり**──夏を感じる掲示／障害特性に応じた環境整備 82
- **個に応じた指導**──個別の指導計画の評価①／個に応じた教材開発 84
- **健康・安全の確保**──夏休みの過ごし方／暑い時の運動と水分補給 86
- **キャリア教育と進路指導**──余暇の過ごし方：中学部／余暇の過ごし方：高等部 88
- **保護者・関係機関との連携**──支援会議の実施：小・中学部／
  支援会議の実施：高等部 90

## 9月

**概説**　92

**学級事務**——転出入の手続き／予算の執行及び編成　94

**環境づくり**——児童・生徒の目標設定／夏休みの様子の掲示　96

**個に応じた指導**——教科等を合わせた指導③：生活単元学習／
　　　　　　　　　日常生活の指導②：着脱　98

**健康・安全の確保**——避難訓練：地震／避難訓練：火災　100

**キャリア教育と進路指導**——職場見学の実施：中・高等部／
　　　　　　　　　　　　　現場実習の実施：高等部　102

**保護者・関係機関との連携**——引き渡し訓練における保護者との連携／
　　　　　　　　　　　　　　進路指導面談の実施①：高等部　104

## 10月

**概説**　106

**学級事務**——授業参観週間の準備／就学に関わる事務　108

**環境づくり**——障害特性に応じた環境整備／秋を感じる掲示　110

**個に応じた指導**——教科等を合わせた指導④：高等部作業学習／
　　　　　　　　　教科等の指導：国語　112

**健康・安全の確保**——公共交通機関の利用／コミュニケーションボードの活用　114

**キャリア教育と進路指導**——生徒会活動における役割：中・高等部／
　　　　　　　　　　　　　選挙の仕組み：高等部　116

**交流及び共同学習**——障害に配慮した交流及び共同学習の事例②：小・中学部／
　　　　　　　　　　学校行事における学校間の交流　118

## 11月

**概説**　120

**環境づくり**——児童・生徒の作品等の掲示／清潔な教室環境：衛生面　122

**個に応じた指導**——自立活動の指導：小・中学部／日常生活の指導③：排泄　124

**健康・安全の確保**——宿泊学習における安全確保／食育に関する指導　126

**キャリア教育と進路指導**——職場見学の振り返り：中学部／
　　　　　　　　　　　　　現場実習の振り返り：高等部　128

**交流及び共同学習**——障害に配慮した交流及び共同学習の事例③：小学部　130

**保護者・関係機関との連携**——関係機関についての情報提供②　131

## 12月

**概説**　132

**学級事務**——学級経営計画の評価・見直し②／学校公開の準備　134

**環境づくり**——人権に配慮した掲示①／

児童・生徒が成果等を確認できる掲示の工夫　136
**個に応じた指導**——個別の指導計画の評価②／教科の指導：算数・数学　138
**健康・安全の確保**——冬休みの過ごし方／季節に応じた服装：高等部　140
**キャリア教育と進路指導**——中学部の生活：小学部／高等部の生活：中学部　142
**保護者・関係機関との連携**——適切な就学に関する相談：小・中学部／
　　　　　　　　　　　　　　　進路指導面談の実施②：高等部　144

## 1月
**概説**　146
**環境づくり**——冬を感じる掲示／カームダウンスペースの確保　148
**個に応じた指導**——教科等を合わせた指導⑤：生活単元学習／教科の指導：音楽　150
**健康・安全の確保**——一人通学の指導：小・中学部／一人通学の指導：高等部　152
**キャリア教育と進路指導**——中学部体験：小学部／職業の選択：高等部　154
**交流及び共同学習**——障害に配慮した交流及び共同学習の事例④：小学部／
　　　　　　　　　　　障害に配慮した交流及び共同学習の事例⑤：中学部　156
**保護者・関係機関との連携**——連絡帳の活用②／
　　　　　　　　　　　　　　　移行支援会議の準備：高等部　158

## 2月
**概説**　160
**学級事務**——卒業関連事務／次年度引き継ぎ資料の作成　162
**環境づくり**——人権に配慮した掲示②／教室内の整理・整頓　164
**個に応じた指導**——教科の指導：高等部職業／教科の指導：体育　166
**健康・安全の確保**——病気の予防／性教育　168
**キャリア教育と進路指導**——就学先（中学部）体験：小学部／
　　　　　　　　　　　　　　社会人の生活：高等部　170
**交流及び共同学習**——保護者の希望と評価の確認／学校間交流の計画立案　172

## 3月
**概説**　174
**学級事務**——学級経営計画の評価③／指導要録の作成　176
**個に応じた指導**——年間指導計画の改善／個別の指導計画の評価③　178
**健康・安全の確保**——春休みの過ごし方　180
**キャリア教育と進路指導**——将来の夢や希望：中・高等部　181
**交流及び共同学習**——交流校との次年度打ち合わせ／交流に関する評価　182
**保護者・関係機関との連携**——個別の教育支援計画の見直し／
　　　　　　　　　　　　　　　移行支援会議の実施：高等部　184

# 1章 特別支援学校の学級経営のポイント

 **学級経営計画の作成　～計画的な学級運営～**

　学級担任は，1年間，その学級の運営や児童・生徒に対する学級における指導を円滑かつ計画的に行うことが求められる。そのため，学級経営計画の作成は非常に重要である。
　また，学級担任は，学級経営計画に基づき，保護者に対して，学級としてどのような目標を設定し，学級での指導をどのように行うのかということについて，十分に説明する責任がある。
　特に，特別支援学校では，複数の教師で学級を担任する場合が多く，学級担任間で指導に対して共通理解を十分に図る必要があることからも，学級経営計画の作成は極めて重要なことであると言えよう。
　学級経営計画の作成等の留意点としては，学校の教育目標や学部・学年の教育目標を踏まえた学級目標を設定すること，子どもの実態等を十分に把握するとともに指導方針を明確にすること，教育課程や各教科等の年間指導計画と関連した各学期や月ごとの学級における指導内容を明示すること，子どもの成長に関する確認や教師の指導方法等を振り返るなどの定期的な評価・改善を図ることなどが挙げられる。
　なお，作成した学級経営計画については，学部・学年主任，教頭及び副校長に確認を受け，最終的に校長の承認を得る必要がある。
　そのため，前年度の担任や各学部・学年主任，教頭・副校長と事前に相談し，作成にあたることが組織的にも求められる。

 **児童・生徒の理解　～確かな児童・生徒との信頼関係の構築～**

　学級経営を行う上で，学級担任は，児童・生徒一人一人の実態を的確に把握するとともに，理解することが重要である。
　現在，特別支援学校で教育を受けている児童・生徒の特徴として，障害の重複化及び多様化が挙げられており，このことに適切に対応することが課題となっている。
なお，実態把握の内容としては，障害の種類や程度，学習の習得状況，健康状況，学校生活に

おける必要な配慮，本人の興味・関心，交友関係，将来への希望，関係機関から受けている支援等が挙げられる。

そのために学級担任は，日頃のふれあいに基づくきめ細かな観察を基本に，本人・保護者との面接などに加えて，各学部や学年の教員，教科担任，部活動等の顧問などからの情報も含めて，広い視野から多面的に児童・生徒理解に努めることが大切である。

また，多くの特別支援学校では，複数の学部が設置されていることから，生活年齢における発達特性を考慮することも忘れてはならない。例えば，いわゆる思春期を迎える中学部の生徒や社会参加を目前にした高等部の生徒は，様々な不安をもつことがある。

そのような，児童・生徒の内面に対して，共感的に理解し，愛情をもって接することは，学級担任として，児童・生徒との確かな信頼関係を構築する上で極めて重要である。

## Point3 学級における保健・安全指導～児童・生徒の安全・安心の確保～

学級は，児童・生徒が，学校生活を送る上で基盤（ベース）となる場であることから，児童・生徒にとって，伸び伸びと過ごせ，安全で安心できる楽しい場でなければならない。

そのため，学級担任は，次に挙げる視点に留意することが求められる。

まず，第1点目としては，心理的な安定の視点である。児童・生徒が，心理的に安定して過ごせるために，学級担任は，常に児童・生徒に対して愛情をもって接し，明るい雰囲気づくりに努めたり，分かりやすく具体的にルールやマナーを示し，友達同士がよりよい関係をもって集団生活を送れるように指導したりすることが大切である。

第2点目は，事故やケガなどの予防的視点である。学級担任は，日頃から，学級の整理・整頓に努めるとともに，危険な物の有無，施設・設備の瑕疵等について確認することが重要である。さらに，災害時を想定した防災グッズの整備や転倒防止策の徹底，避難経路の確保と定期的な避難訓練の実施を行う必要がある。

第3点目としては，児童・生徒の健康に関する視点である。障害のある児童・生徒の中には，体調不良を自ら学級担任に伝えることが困難な者もいることから，児童・生徒の健康状態を常に確認することが大切である。特に，最近では，食物アレルギー等への確実な対応が求められる。養護教諭と連携し，児童・生徒のアレルギー源について把握しておき，給食等において確実に対応することが重要である。また，緊急時に備えてエピペンやAEDの使用方法や保管場所を確認するとともに，いつでも適切に対応できるよう，定期的に研修を受ける必要がある。

## Point4 学級の環境整備 ～落ち着きのある明るい学習環境づくり～

障害のある児童・生徒が，学級で落ち着いて学習活動等を行うためには，清潔で潤いのある

空間としての教室環境を整える工夫が重要である。なぜなら，障害のある児童・生徒を取り巻く教室環境が，どのように整備されているかによって，そこで学習・生活する児童・生徒の情緒の安定の状態等も変わってくるからである。

具体的な取組として，つい立，カーテンなどを活用して，感覚統合の困難さや感覚刺激に伴う混乱状態を予防し，重要な情報（刺激）に注意が向きやすいようにすることが挙げられる。

また，学習等の予定を視覚的に分かりやすく掲示する，教室内を集団で学習するスペースと個別に学習するスペースに分けるなど，自閉症の特性に配慮した教室の環境の整備は，自閉症のない児童・生徒にも有効である。

さらに，児童・生徒が目標をもって活動し，友達と交流しながら自分の成長を振り返る学級づくりを目指すには，教室掲示は重要である。教室掲示は，学級づくりの一部分であるため，学級担任だけで行うのではなく，可能な限り児童・生徒とともに創り上げていくことが大切である。

なお，一人一人の作品を大切にした掲示に関する留意点としては，全児童・生徒の名前がある，台紙を付ける，色を統一する，掲示する時期や期間を決めることなどが挙げられる。

## Point 5 保護者との連携 〜子供の成長をともに支援する関係づくり〜

開かれた学級経営を行うためには，家庭や地域社会との連携を密にすることが大切である。

特に，保護者との間で，学級通信や学年通信，保護者会や家庭訪問などによる相互の交流を通して，児童・生徒に対する指導について共通理解を深めることは，学校と家庭とで共通した指導・支援を実施することにもつながるので極めて重要である。

なお，特別支援学校では，個別の教育支援計画及び個別の指導計画を作成し，適切な指導及び必要な支援の実施に努めており，各計画の作成に当たっては，保護者の主体的な参画及び学校と保護者との連携の促進は必要不可欠である。平成28年4月から，いわゆる障害者差別解消法が施行され，公立学校においては，合理的配慮の提供は法的義務となった。個別の教育支援計画や個別の指導計画の作成に当たっては，合理的配慮の提供等についても，保護者から十分に意向を聞き取るとともに，合意形成を図ることが求められる。

また，学級担任が保護者から信頼を得るためには，日々の情報交換が重要である。多くの特別支援学校では，日常の情報交換の手段として連絡帳を活用している。連絡帳を通した保護者との情報交換に関する留意点としては，次のことが挙げられる。

まず，第1点目として，児童・生徒の成長を保護者が実感できるように努めること，第2点目として，保護者からの質問や相談については，早急かつ丁寧に対応し，必要に応じて面談等の設定を提案すること，第3点目としては，保護者の記載内容の背景を常に考えるとともに，保護者の想いや願いを共感的に理解しようとすることである。

## Point 6　学級担任としての専門性の向上　～十分な教育を行うために～

　障害のある児童・生徒を取り巻く環境は，特殊教育から特別支援教育への転換が図られた頃と比較して大きく変わってきている。

　その中で，学級担任は，専門性の向上に努め，児童・生徒に十分な教育を行うとともに，保護者への情報提供等に努めることが求められている。

　特に，学習指導の面では，特別支援学校において，児童・生徒が主体的かつ対話的で深い学びの実現を目指す「アクティブ・ラーニング」の視点から日々の授業改善を図ることや，「カリキュラム・マネジメント」に関しての見識や取組を深め，各教科等を広い視点で見通して，児童・生徒一人一人の学びを豊かにすることが挙げられる。

　さらに，学級担任は，学級活動やホームルーム活動等におけるキャリア教育の充実や，交流及び共同学習の推進及び実施に関する調整により，児童・生徒の将来の自立と社会参加を目指した教育の充実を図ることも引き続き大切にしていかなければならない。

【参　考】『特別支援学校学習指導要領　平成21年3月』（文部科学省）
　　　　　『生徒指導提要　平成22年3月』（文部科学省）
　　　　　『教育支援資料　平成25年10月』（文部科学省初等中等教育局特別支援教育課）

（緒方直彦）

# 2章

# 必ず成功する！新学期の準備と最初の1週間

CONTENTS

## 1 新学期の準備

担任する子どもの引き継ぎと実態把握
始業式前日までの担任実務チェックリスト
作成する書類
教室環境の整備

## 2 はじめが肝心・最初の1週間の過ごし方

1日目―始業式前後の指導
2日目―学級内でのルールについての指導
3日目―集団生活についての指導
4日目―学校生活についての指導
5日目―学習指導，保護者対応

# 1 新学期の準備

### ①担任する子どもの引き継ぎと実態把握

　特別支援学校に着任したその日に，校長から全校教職員に学級編制と担任の一覧表が配布される。ここから，始業式・入学式までの数日間で担任として万全の準備を行う必要がある。

　最初にすべきことは，担当する児童・生徒の実態を詳しく把握することである。そのためにはどのような資料があるのか全体像を確認してから目を通し，ファイリングを工夫して散逸しないように保管方法に注意する。その際，個人情報が含まれることを自覚する。所属校内の進級児童・生徒を担任する場合は，前年度の学習評価や保護者面談記録が重要である。また，就学児童・生徒や他校からの転入学児童・生徒を担任する場合は，教育委員会からの就学資料や転出校送付資料が重要である（表1）。こうした基礎情報から児童・生徒像を明確にした後，まもなく開始となる学習計画に必要な能力・特性の把握を行う。前述の基礎資料から必要情報を抜き出しながら，自分なりに個票にして整理すると，この後に作成する個別の教育支援計画，個別の指導計画にうまく活用できる（表2）。

　前年度までの担任や就学相談担当者が校内にいる場合は直に聞き取る機会を設けたい。校外の場合には，教頭等の許可を得た上で，引き継ぎ会を設定してもらうことも有効である。

| 分　野 | 内　容　例 |
| --- | --- |
| 就学相談関係 | 教育委員会からの就学判断の資料 |
| 転学相談関係 | 教育委員会からの障害や心理・発達，行動に関する資料 |
| 就学・転学支援関係 | 就学前機関（幼稚園・保育所等），保護者からの就学支援資料 |
| 進級支援関係 | 指導要録，個別の指導計画と評価，個別の教育支援計画と評価 |
| 保護者面談関係 | 保護者面談の記録（これまでの様子，保護者の願い，配慮してほしいこと） |
| 入学準備<br>進級準備 | 学級編制・グループ分けに関する検討資料 |

表1　基礎情報の確認（例）

| 分　野 | 内　容　例 |
| --- | --- |
| コミュニケーション | 対人関係の状態，意思疎通の方法，言語能力，友人関係 |
| 学力 | 文字（読み・書字）の能力，数の概念ほか |
| 衣服の着脱・排泄 | 着衣・脱衣の状況，トイレの自立度，介助の程度と支援方法 |
| 健康・食事 | 服薬，アレルギーの有無と対応，摂食機能，好き嫌い |
| 身体機能 | 身体状況，動作の特性，移動方法及び配慮事項（過去の事故歴と内容） |

表2　情報の整理（例）

（田村康二朗）

### ②始業式前日までの担任実務チェックリスト

　始業式・入学式までの準備日数と時間は限られている。特に初任者の教員にとっては，土日や辞令交付式と教育委員会主催初任者研修日を除くと実際の準備期間は1日から2日程度しかないのである。効率よく準備するには，実務の全体像を分野別（表3）や場所別（表4）で掴んだ上で，優先順位を付けてから取りかかるとともに，費やす時間数の目安をもって臨むことが大切である。年度当初は刻々と新しい業務の追加指示があるのが通常である。優先順位付けをしていないと始業式前日の夕方になって，最重要実務が未着手ということにもなりかねない。

　新規採用者や特別支援学校に移ってきて初めて勤務する教師にとっては，先輩格の教師に繰り返し尋ねることになっても全く躊躇しなくてよい。何を優先するか，前年度の資料が参考にならないか，どこにあるか，どのように進めればよいか，十分に教わりながら実務を進めることが大切である。最優先すべきことは「担当する子供の教育が円滑に開始できるように準備を終わらせること」であり，大人の事情ではないので割り切りたい。周囲の教師も「教える」ことを仕事に選んだスタッフである。感謝をもって伺う姿勢があれば全く問題はない。

| 準備項目 | 内　容　例 |
|---|---|
| 担任実務<br>個別資料 | 個人別ファイル作成（実態資料，個別の指導計画・指導記録を保存），座席配置の検討，出席簿の整備 |
| 生活指導実務 | 係活動用掲示，タオル掛けや配布物入れの数確保，掃除用具点検 |
| 教科書等実務 | 給付教科書類の個人別照合，ワークブックの種類と冊数確認 |
| 授業準備実務 | 週ごとの指導計画に基づく毎時の準備（教材・プリント作成含む） |
| 学年・学部業務 | 学年内分担業務の確認（学年集会，校外学習計画） |
| 校務分掌 | 担当業務の確認（例：入学式・始業式の役割分担） |

表3　分野別実務チェックリスト（例）

| 準備項目 | 内　容　例 |
|---|---|
| 担任学級 | 学級名表示，机・椅子の数確認と高さ調整・配置，板書計画，黒板横掲示板の整備，教室内壁面掲示，教室外壁面装飾デザイン |
| 担当する授業 | 教科書・ワークブック，教室配備の教材・教具，指導書 |
| 担当する特別教室 | 割当ての特別教室等に関する整備（安全管理，備品確認，消耗品整理） |
| 学校生活 | 靴箱・傘立等，担当学級が使用する設備等の確認と整備（学級名表示等） |
| 教卓・職員室卓 | 備え付け文房具・用紙の確認と補充，学習指導要領・辞書・手引き等 |

表4　場所別実務チェックリスト（例）

（田村康二朗）

### ③作成する書類

　特別支援学校に着任したその日から，種々の書類作成や記入，記名・押印が続くことになる。学校の所属教師としての書類作成はもとより，担任する学級の児童・生徒に関する書類作成，担当する学級に関する書類作成，担当する教科等に関する書類作成，保健（健康管理）に関する書類，支払いや給付を含む事務に関わる書類作成など，いわゆる学級担任事務に含まれるものは多岐にわたる（表5）。関係する文書は，設置者である教育委員会が定める様式，学校で定めている様式，学部・学年や分掌内で定めている様式があり，文書によっては教育委員会等が発行する「特別支援学校〇〇学部指導要録の様式及び取扱い」「出席簿記入要領」など記載方法を規定した手引きがある様式も多数あるので，記入ミスが起きないように必ず確認したい。

| 分　野 | 文　書 |
|---|---|
| 教務関係 | ・出席簿の整備（指定様式：氏名記入，記入要領確認）<br>・健康診断簿の整備（指定様式）<br>・提出物管理簿の整備（学校作成様式）<br>・指導要録の整備（指定様式：記入要領確認）<br>・学級の年間指導計画の作成（指定様式）<br>・個別の教育支援計画の作成（指定様式）<br>・個別の指導計画の作成（指定様式）<br>・担当授業に関する年間計画・単元計画（指定様式）<br>・担当授業当初の学習指導案（様式の事前確認） |
| 保健・給食関係 | ・健康に関する帳簿作成（健康観察票等）<br>・喫食届（欠食届）の処理（学校作成様式：担当に確認）<br>・健康上の配慮やアレルギーに関する文書の整備・作成<br>　（各種管理票や服薬や保管薬に関する対応：保健室に確認） |
| 事務関係 | ・就学奨励費に関する書類（事務担当に確認）<br>・授業料（高等部）に関する書類（事務担当に確認）<br>・補助教材費・給食費等私費会計に関する書類（事務担当に確認） |
| 就・入・転学関係<br>進級関係 | ・就学支援に関する関係文書の処理（教務担当に確認）<br>・転入・転出関係文書の処理（教務担当に確認）<br>・保護者面談や家庭訪問に関する依頼文書（学年主任に確認） |

表5　担任が作成に関与する文書一覧（例）

（田村康二朗）

### ④教室環境の整備

主担任・副担任として担当する学級の教室準備には力を注ぎたい。その際，目指す教室像は「清潔感ある教室」「明るい教室」「学びに向かう雰囲気が漂う教室」の３点である（表６）。

| 準備項目 | 内　容　例 |
|---|---|
| 教室環境 | 【清掃と安全点検等】<br>留意点：窓ガラスの透明感，黒板の清掃，教室前庭の美化，転落防止措置<br>【教室入口に学級名表示】<br>他学級と統一<br>【机・椅子の数確認と配置】<br>大まかな高さ調整と座席表に応じた配置<br>【初日用の板書】<br>学級名，担任名，１日の流れ等<br>【黒板横掲示板の整備】<br>週時程表：学年に応じた漢字・ひらがな表記<br>学校時程表：後席からも見える大きさ<br>標語掲示：校訓，学校・学部・学年の教育目標等を他学級と統一<br>【児童・生徒名シールの貼付】<br>ハンガー・ロッカー，脱衣かご等，学習・持ち帰りプリント入れ等<br>タオル掛け，体操服掛け，帽子掛け等<br>【教室内壁面掲示】<br>例：学級所属の児童・生徒の紹介，１年間の教育活動紹介<br>【教室外壁面の装飾デザイン】<br>例：「入学・進学・進級おめでとう」のディスプレイ，担任紹介<br>【衛生面の整備】<br>例：手洗いせっけん液，学校指定のおう吐処理セット，救急セット等<br>【教室外の関係個所の整備】<br>下駄箱の記名，傘立ての学級表示 |
| 割当ての特別教室等 | 【清掃（前掲）と安全点検等】<br>例：理科室：薬品の種類・量と管理簿記載と照合，保管庫施錠の確認<br>例：図工室・美術室：カッターナイフ・ハサミ・彫刻刀の数量確認と保管状態<br>例：作業室／窯業室：焼成窯，圧延機等の安全な保管，配電盤の状態確認<br>【消耗品補充】例：画用紙・絵の具の補充 |

表６　教室環境の整備

（田村康二朗）

# 2 はじめが肝心・最初の1週間の過ごし方

## 1日目　始業式前後の指導

　特別支援学校で初めて学ぶ児童・生徒にとって，学校生活の初日が「始業式」や「入学式」にあたり，日常生活に比して，慣れない場所・環境・集団・人数・音量であることが多く，希望とともに不安も大きな1日であることが想定できる。数日前に着任したばかりの新任・転任教師はそのことを十分に意識した上で，プロフェッショナルとして十分に準備をして初日の指導に臨む必要がある。

### ■ 初日の教育活動を確認して想定・準備

　始業式後の学級指導が初日の担任指導のヤマ場となるが，児童・生徒の視点に立って初日の動きを想像してみることから指導の準備を始めよう（表1）。

---

・久々に登校する心理や久々のスクールバスの車中の心理を想像する

・バス降車時に3月までの担任教師が迎えて引率しないと混乱するかもしれない（要対策）

・下駄箱の位置が新学年から変わっているならば混乱するかもしれない（要対策）

・新教室で新担任が出席確認すると混乱するかもしれない（要対策）

・自分の机とロッカーの位置や置いておく持ち物は教えていない（要対策）

・1日の見通しがつかず不安かもしれない（要対策）

・式場に引率される際，どの順番で並んでいくのか混乱するかもしれない（要対策）

・式場では整列する場所や会場の人数や放送音に混乱するかもしれない（要対策）

・式中はトイレに行きたくなるかもしれない（要対策）

・教室に戻ってからも，これから何をするか見通しがつかないかもしれない（要対策）

・持ち帰る物がまだ覚えられないかもしれない

・下校時の順路，下駄箱と昇降口，スクールバスはまだ教えていない（要対策）

---

表1　初日の想定

### ■ 学級指導の立案と準備

【立案】初日の学級指導のポイントは以下の3点である。①混乱を避ける工夫，②同行する保護者も注目していることに留意，③信頼関係づくりの第一歩，これらに留意してプランニングする（表2）。

　複数担任制の場合，メインティーチャー（MT）となる経験ある教師の立案をベースに，新たに着任した教師側は詳細を確認した上で，準備物の作成等で多忙なMTを支えたい。

|  |  |
|---|---|
| 10:00 | 教室に誘導 |
| 10:05 | 一人ずつ机・椅子の位置確認し、着席。 |
| 10:10 | 一人ずつバッグを開いて、一緒に荷物をロッカー等に置いて位置確認 |
| 10:20 | 椅子を一緒にもって、教室前の床のマーク位置に置いて座る |
| 10:30 | 学級全体指導開始　学級名確認<br>担任教師全員の自己紹介と担任名の復唱<br>在籍児童・生徒の点呼と返答確認 |
| 10:45 | 今日のこの後の予定の説明<br>明日の予定と持ち物の説明 |
| 11:05 | 下校準備説明（トイレに行くこと、持ち帰る物等）<br>学級全体指導終了 |
| 11:10 | 下校準備 |
| 11:20 | 帰りの会 |
| 11:25 | 靴を履きかえて、スクールバスへ誘導 |
| 11:30 | スクールバス乗務員に乗車確認し、発車待機 |
| 11:40 | スクールバス発車 |

※学校により下校時刻や付随する活動が異なる。
　活動例：学級の記念写真撮影、校内見学、保護者の自己紹介、学年保護者会

表2　初日の学級指導の流れ（例）

【準備】指導プランに沿って、教室内の環境を実際の指導を想定して整備する。名前シール貼りや実態に応じた色分け・マークによる個別表示を工夫して分かりやすくする。また、指導時の動線を考え、危険がないように高さや配置を考えた整備を心がける。教師名や児童・生徒全員の名前写真カード、今日の予定欄、明日の予定欄等を設ける。教室内外の壁面掲示や保護者配布物の作成も行う。保護者が同席となる場合は参観位置や動線を想定して準備を進める。

【個別の行動想定】実態把握からの情報をもとに、心身両面から必要な準備をする。例えば、見えづらさに関して配慮のいる児童・生徒がいれば、掲示物の大きさ、文字やマークの大きさと色づかいに配慮する。心理面で大集団や初めての相手が苦手な場合は、個別対応する担当者を決めたり、センサリーエリアをつくり時々落ち着けるように配慮する。さらに、初めての場が特に苦手な場合は、式場の体育館に事前に慣れておく機会をつくるなどの配慮を取り入れる。また、身体面や運動機能面で制限がある場合は、事前に保護者とも相談の上、校内移動コースを別に定めたり、エレベーター利用を組み入れるなどの工夫をする。また、補助具や健康維持関係器具等の式場携行についても必要に応じて保健室と相談しながら想定と準備を行う。　　（田村康二朗）

## 2日目　学級内でのルールについての指導

　基本的なルールを身に付けるにはルールを明確にして初日から導入することが肝心である。ルールには大きく分けて以下の5分野がある。①人間関係に関するルール，②基本的習慣に関するルール，③物品や場所の使い方に関するルール，④学校生活における習慣に関するルール，⑤時刻・時間等に関するルールがある。

　特別支援学校で学ぶ児童・生徒にとって抽象的ともいえる「やり方」や「きまり」を身に付けるには繰り返す中で習慣化するだけでなく，できるだけそうした「やり方」や「きまり」を「見える化」して分かるようにする工夫が重要である。

### 人間関係に関するルール

　学校生活は集団生活を基本としている。集団の中で人間関係を学ぶ場であることから授業だけでなく，日々の生活指導場面（学級指導場面）でのルールの徹底が習慣化の基盤となる。

【挨拶の習慣化】学校生活は挨拶で始まり，挨拶で終わるといっても過言ではない。例えばスクールバスでの降車指導時の挨拶，昇降口で合流時に他の教師や児童・生徒からの挨拶。教室に入る際の挨拶，教室内での仲間との挨拶，朝の会での挨拶……と挨拶が続く。このように毎日の学校生活では数えきれない程の挨拶を交わすべきポイントがある。

【教師が師範率先】担任教師が率先して挨拶を発することで挨拶シャワーの環境をつくり，挨拶することが自然にできるようにしていきたい。

【取り出し指導や学級指導も有効】当然，取り出した指導や学級指導も必要に応じて設定することも効果的である。「習慣化」を目指して学校生活全般を通じて取り組むべき内容である。（「3日目　集団生活についての指導」を参照）

【周囲の人々の意識化】担当外の児童・生徒を中心において，学校生活での挨拶奨励を通して徐々に人間関係の輪の広がりにつなげたい。担任教師と所属学級の児童・生徒の輪から学年内の教師と学年内の児童・生徒の輪へ。そして学部の教師と学部内の児童・生徒の大きな輪。さらに全校の教職員と全校の児童・生徒の輪の中では自由に挨拶を交わせるようにしていきたい。さらに校内で出会う友達等の保護者，全校の保護者，来校するお客様，校外学習等で出会う人々等へとつなげていく視野をもちたい。

### 基本的生活習慣に関するルール

　自立と社会参加を見据える特別支援学校の教育では，企業就労も含めた卒業後の生活を想定し，日々の生活トレーニングによる積み上げが将来への財産となることを理解して取り組む。

【会話】挨拶・返事・質問・お礼・確認・報告等を身に付ける。（後掲）

【衣服等の身だしなみ】きちんと着る。ボタンをきちんと留める。ファスナーをきちんと閉める。外履き・運動靴・上履きのかかとをつぶさないできちんと履く。立ったまま履けるように練習する。

【清潔】いつもハンカチをポケットに入れ，手が濡れたら使って拭き，畳んでしまう。ティッシュをいつもポケットに入れ，鼻をかむ。タオルで汗を拭く。
【食事】食べ始めと終わりに挨拶する。偏食を減らす。食事マナーを身に付ける。歯を磨く。
【排泄】休み時間に自分から行く。手を洗い，拭く。授業中は教師に知らせる。

### 物品や場所の使い方に関するルール

物品や場所によってそれぞれに相応しい使用のルールがある。
【机・椅子】大事に使う。引きずって移動しない。
【ロッカー】自分の物をしまう。ハンガーと脱衣かご・荷物かごを使う。
【下駄箱】靴を揃えて下駄箱に入れる。
【連絡帳】毎朝，指定の場所に提出する。帰りの会の前にバッグに入れて持ち帰る。
【持ち帰りプリント】ボックスの名前を確かめてしまう。（学校ごとのルールを確認）
【体育着等】きちんと畳んでしまう。毎週持ち帰る。
【上履き等】毎週持ち帰る。
【トイレ】手の洗い方，便座の使い方，コールボタンをみだりに押さないきまり等。
【給食】給食係の身だしなみ，配膳・おかわり・下膳の決まり，食器の重ね方，残菜の処理。

### 学校生活における習慣に関するルール

学校には学校生活に関するルールが定められていることを理解し，遵守する姿勢を培う。
【特別教室】授業の始まりと終わりを意識し，その間の授業に集中する。
【校則】生徒手帳等にマナーや心得として記載されているルールがあることを知り，遵守する。
【制服・標準服】各校で定める服装や携行品，推奨する服装で登下校する。
【遅刻・早退・欠席の連絡】事前に担任教員へ（保護者から）連絡が必要であることを知る。
【児童会・生徒会】児童会や生徒会の組織と役割を理解し，会員として積極的に参加する。

### 時刻・時間等に関するルール

目に見えないが大切なルールが「時刻を意識し，時刻を守る」「時間を意識する」「時間的見通しをもつ」等，社会人としても不可欠な学びである。
【チャイム】チャイムを聞き逃さずに注意し，チャイムの意味を覚えて行動する。
【授業の開始・終了】授業の始まりと終わりを意識し，その間の授業に集中する。
【時間割】毎日の時間割を意識し，各授業前に教科書・ノート等の準備をする。家庭では翌日の時間割を確認して教科書・ノート等の授業準備をする。
【朝の会】1日の予定を理解し，見通しをもつ。
【学年通信】自宅で来週の予定を理解し，見通しをもつ。
【時計】教室等の掛け時計を見て，時刻を意識して行動する。
【カレンダー】教室内のカレンダーを見て今月，今週，今日と来月・来週・明日が分かるようになる。

（田村康二朗）

## 3日目　集団生活についての指導

　基本的生活習慣の節でも述べたように学校という集団生活の場で最も身に付けるべきことの一つが「行為と言葉」である。児童・生徒本人と教師間，本人と児童・生徒間，本人と来校者間（保護者や来客間，校外学習での本人と周囲間，家庭生活や地域生活での本人と周囲間）といったように行為と挨拶の対象者を場面別に広げていくように指導することを意識したい（表3）。
　「社会生活で必要な10の言葉」などの「挨拶」用語の基本を絞り込んでいる学校も少なくない。「時間帯ごとの挨拶」「食事の挨拶」「質問とお礼」及び関係する「ボディランゲージ」に分けて説明する。配属先の学部（幼稚部～高等部）に応じて取捨選択し，学校生活に取り入れて身に付けさせていく。

| 行為 | 言葉（代表例） | 対になる言葉 | 必要な場面例 |
|---|---|---|---|
| 挨拶 | おはよう<br>こんにちは<br>こんばんは・おやすみ（なさい） | | 日常時<br>実習時<br>在宅時・宿泊学習時 |
| 食事 | いただきます | ごちそうさま | 日常時・実習時 |
| 感謝 | ありがとう（ございます） | | 日常時・実習時 |
| 謝罪 | ごめんなさい・申し訳ありません | | 実習時 |
| 教示依頼 | （分からないので）教えてください | ありがとうございました | 実習時 |
| 退去・別離 | さようなら・失礼します | | 下校時・実習時 |
| 出発 | 行ってきます | ただいま（戻りました） | 授業時・行事等 |
| 賞賛 | 拍手（ボディランゲージ） | | 授業時・行事等 |
| 挨拶・詫び | お辞儀（ボディランゲージ） | | 日常時・式典時ほか |

表3　集団生活を円滑に営むための行為に対応した言葉

### ■■ 誰とでも交わす「おはよう」「こんにちは」「こんばんは」「おやすみ（なさい）」

　時間帯に応じた挨拶は人間関係づくりの基本ワードである。自分から先に自発的に発せられるように継続して指導する。時間帯別（給食前，給食後，夜の区別）の使い分けは，学活の中で身に付けていくようにする。

### ■■ 食事の場面で交わす「いただきます」「ごちそうさま」

　食事をともにする人達とともに交わす挨拶であるので，食事を用意してくださった方や食事をつくってくださった方（その場にいないとしても）への感謝も込めて心から発することができるように継続的に指導する。

### ■■ 感謝を込めて「ありがとう」「ありがとうございます」

　相手へのお礼と感謝を伝える最も社会性のある言葉が，場面に応じて自然に発することがで

きるようにすることが大切である。また，小学部時代は「ありがとう」でよいが，成長につれ，「ありがとうございます」が使えるように移行していく必要がある。目上の人，実習先等で教えていただく方を想定して習慣化したい。

### ■ 心から「ごめんなさい」「申し訳ありません」

うまくできない時，失敗した時，間に合わない時等，きちんと謝れることも最低限必要とされるソーシャルスキルの一つである。学校生活の中，そして友人関係の中でも頻繁に使う場面がある。お辞儀とともに言えるようにしたい。

謝罪の言葉は「ありがとう」＝感謝と対をなして大切な意思表示である。高等部段階では，生徒の実態によって「申し訳ありません」といった社会人としての言い回しも身に付けさせる必要がある。

### ■ 分からないからこそ「分からないので教えてください」

よく聞き取れない時，意味が汲み取れなかった時，任されたことがうまくできない時，よい方法を思いつかなかった時など，日常の中でも多数発生する場面を切り抜ける方法である。これを身に付けないと，たたずんでいるばかりで反応が返ってこなかったとネガティブな評価になりかねない。教師自身もこの言葉を発することで，周囲の児童・生徒に場面に応じた使用方法を実感させることも大事である。

### ■ 終了時等に「さようなら」「失礼します」

毎日の終わりの会は「さようなら」の言葉で締めくくる。高等部段階では，産業現場での実習棟を想定し，生徒の実態によって「お先に失礼します」といった社会人としての言い回しも身に付けさせる必要がある。

### ■ 出かける時には「行ってきます」

出発時には「行ってきます」と朝のスクールバス乗車時に保護者に対して発し，「行ってらっしゃい」と送り出してもらう。また下校時には，「ただいま（戻りました）」と言えるように学校生活だけでなく，家庭での習慣化もお願いしたい。

### ■ 社会生活を円滑にするボディランゲージ

友達が発表した時，音楽会等で演奏や歌唱を聴いた時，運動会で勝ったチームに対し，心から拍手を主体的にできる習慣を身に付けられるように，学校生活でも大いに取り入れたい。また，お辞儀も日本社会の潤滑油として「お礼」「お詫び」「お願い」をする時の気持ちの込め方として自然に動作をとれるようにしたい。

（田村辰二朗）

## 4日目 学校生活についての指導

　学校生活は平日1日の約4分の1前後も過ごす場である。この学校生活とそこにつながる場と時間との関連で成り立っている場でもある。学校生活を含む1日を時間軸で捉えたり，面積や容積を伴う校舎内の環境を切り口にして考えたりすることで，「時」や「場」に応じた指導内容が明確にできる。（表4）。

| ルール | 登校時 | 学校生活 | 下校時 |
|---|---|---|---|
| 指導事項 | ・バス停での待ち方<br>・バス内でのマナー<br>・アクシデント対応 | ・学級内でのルール | ・バス内でのマナー<br>・下車後の帰り方<br>・緊急時の対応 |

| | 学級教室と周辺 | 各執務室 | 特別教室とその機能 |
|---|---|---|---|
| 指導事項 | 学級内でのルールとマナー<br>・挨拶<br>・発言<br>・持ち物<br>・清掃，他<br>廊下を通る際のルールトイレを使い方とエチケット | 各執務室の役割の理解と利用方法や挨拶の理解<br>・保健室<br>・職員室<br>・印刷室<br>・事務室<br>・給食調理室（厨房）<br>・用務員室<br>・警備員室<br>・乗務員室 | 各特別室の機能の理解と利用方法の理解<br>・体育館<br>・音楽室<br>・図工室<br>・美術室<br>・技術室<br>・家庭科室<br>・視聴覚室<br>・理科室 |

表4　観点別の学校生活に対する指導の視点例

### ■ 学校生活に準じた指導

【登校時】登下校時から学校の指導の範囲と捉え，教室での指導とともに，保護者への啓発，学部・学年集会時の生活指導部からの指導とも絡め，定着を図りたい。

　指導すべき内容の例としては，○スクールバス乗り場での待ち方，○乗車時の乗務員さんへの挨拶，○着席時のシートベルト着用，○学校到着時に合図があるまで座席で待機，○下車時の乗務員さんへの挨拶，○歩行時や昇降口での挨拶，○歩行時に荷物を振り回さないこと，○廊下を走らないこと，○通路等は右側通行で歩くこと，○傘は畳んでクラスの傘立てに入れることがある。

【学級での指導】学級内でのルールを基本として，校内全般に関わる学校生活のマナーについて折に触れて指導し，徹底したい。

　指導すべき内容の例としては，○学級内でも挨拶（おはよう・こんにちは）やお礼（ありがとう）等をきちんとすること，○授業中は手を挙げて指名されてから発言すること，○学校生

活では不要な物（お金・おもちゃ・ゲーム）を持ち込まないこと，○体調がすぐれない時は早めに担任教師に伝えること，○机の中，机上，ロッカー内をいつも整理整頓しておくこと，○教室は自分たちで清掃すること，○ごみ箱のごみを捨てに行くこと，○学校から勝手に外に出かけたり，帰ってはいけないこと，○休む時やスクールバスに乗れずに遅れて登校する時は，保護者から学校の担任に連絡を入れてもらうこと等。

**【校内主要箇所の利用方法】** 校内で誰もが使う場所などについて，利用ルールやマナーを教えておく必要がある。校内見学時に当該箇所の前で基本となるルールやマナーを確認するとともに，日々の学校生活の中で利用が想定される際にも個別に確認することが定着につながる。

　指導すべき内容の例としては，保健室：皆の健康を守ってくれる養護教諭や学校によっては看護師が在中していることを知るとともに，利用する際は「△年△組の○○です。」等と名乗ることを教えること。また，保健室内の品物や薬には勝手に触れてはいけないことを徹底すること。職員室：ノックしてからドアを開け，入口で「△年△組の○○です。□□先生お願いします。」等の学校ルールを実際にやってみせて教えること。印刷室：学校ごとで定めている立入り可否制限をしっかりと伝えること。裁断機やシュレッダーなどの機器があることから，みだりに触れてはいけないことも確認すること。事務室等：授業で必要な物を注文したり，給食費を使って食材を注文したりする等，児童・生徒のために働いている方がいることを知り，利用する時は入口で「△年△組の○○です。」等と名乗ることを教えること。給食厨房：ここで皆の給食をつくっている大切な場所であることを教えるとともに，衛生上から児童・生徒は立ち入ってはいけない箇所であることを確認すること。用務員室：校内の清掃や小修理をしてくださる用務員さんがいる場所であることを知らせ，利用する時は入口で「△年△組の○○です。」等と名乗ることを教えること。警備員室・乗務員室：それぞれ自分達のために働いている方がいることを知らせること。

**【特別教室等】** 学級の教室以外に学習で利用する主な特別教室等についても校内見学時や初めて利用する際に利用ルールを徹底する。

　指導すべき内容の例としては，体育館：体育館履きの扱い，電灯のオン・オフ，扉の開閉時に手を挟まないように注意すること。ギャラリーや舞台には許可なく昇ってはいけないこと。音響機器には手を触れないこと。家庭科室・調理室・図工室又は美術室・技術室・作業室・理科室：各専用機器が配置されていて，操作を誤ると危険であることから許可なく触れてはいけないことや，カッター，ナイフ，包丁や工具等にも指示なく触れたり持ち出したりしてはいけないことを教えた上で，入室制限や施錠ルールを徹底すること。視聴覚室：専用機器が配置されているので，許可なく触れてはいけないこと。入室制限や施錠ルールを徹底すること。

**【下校時】** 下校時も登校時に準じての指導が必要である。

（田村康二朗）

## 5日目 学習指導，保護者対応

### 授業を受ける際のルールの指導

　実質的な教科等の授業が開始となるこの時期に，授業を受ける際のルールとマナーを教えておく必要がある。

【時間と時刻】チャイム等の合図を意識して，進んで着席する。

【学習時の姿勢】授業開始時には，椅子を引いて深く座り，背筋を立て姿勢をよくする。

【授業の準備】自ら各教科等の教科書やノート・教材を用意して臨む。また，こうした学用品等携行品の全てに記名しておかないと持ち主が分からなくなることも教える。

【授業中のルール】発言時の挙手と指名のルールを守るとともに，私語を控え，他の児童・生徒の発言を遮らない。

【予習・復習・ホームワーク】学校や学部で定めているルールを徹底する。また，主体的に学習範囲の教科書を読んできたり，学んだ箇所を帰宅後復習する等の意欲ある姿勢も奨励する。

### 各教科等についての学習指導準備と授業評価・授業記録

　特別支援学校での初の授業指導に向け，早めに準備を開始する。その際のポイント例を以下に示す。

【計画と役割の確認】教科別の年間指導計画及び単元別の指導分担を確認し，複数指導体制の場合，自分がメインティーチャー（MT）として参画するのか，サブティーチャー（ST）として担うのかを踏まえ，準備内容を明確にする。MTならば，学習指導案作成を優先し，必要な教室利用申請・視聴覚機器等教具の貸出申込み，画用紙等消耗品の手配を先輩教師に教わりながら行う。また，対象児童・生徒の特性に応じた配慮が必要であるならば，言語聴覚士等の学校に関わる専門家に事前に伝え，万全を期す。

【学習指導案作成】特に各教科等の初回授業では，その教科の面白さや今後の展開予告等も盛り込み，教科に対する苦手意識を取り除き，興味と関心をもって，意欲的に今後の授業に臨めるように工夫する必要がある。また，毎時間の集団としての到達目標と個別の目標設定とその評価方法を明確にし，指導者間で共有することが授業成功の鍵である。

【授業記録】各授業終了後，できれば記憶の鮮明な授業日であるその日中に各授業の目標達成度と評価，STからの情報・意見・改善助言，次回への改善事項を自己の感想とともに記録として残しておく。

### 保護者対応

　公立小学校では誰でも2年時に九九を習う。一方，特別支援学校では根拠となる学習指導要領も異なり，障害種別学部別の授業編成となり，個々の実態に合わせて学習内容も様々である。特別支援学校で学んだことのある保護者は極めて少なく，多くの保護者にとっては，その学習が我が子にとって妥当なのか，何を狙いとして何の力を付けさせ，この先のどのような学習に

つながり，将来にどのように役立つのかが分かりづらいため，不安に陥りやすいことを意識し，十分な情報提供を心がけたい。

**【事前の提供情報の確認】** 各学校の方針に基づく内容であるが，初登校日以前に，郵送等で初日の入口，使用する下駄箱，集合する教室と時刻，携行品，下校時刻と主なスケジュールをお知らせしている場合がある。1日の着任後の担任業務が，どこまでの情報が伝えられているかを確認してすることから始まる。

**【初登校日に配布する文書の作成と配布】** 担任が作成する主な文書例としては①「学級だより第1号：各担任の自己紹介と学級指導方針（どのような学級を目指して指導するのか）」「同級生紹介」「学年各学級の配置場所案内」「1週間の特別時間割と下校時刻」等は必須である。ただし，学年内に複数の学級がある場合，配布日の足並みを揃える場合もあるので，学年主任に事前に確認するとともに，配布物が仕上がったら，事前に主任等の教師に目を通してもらい，誤記や誤字がないように万全を期する。特に人名・月・日・曜日・時刻に誤りがあると回収と謝罪等の対応が生じるとともに信頼関係を損なうので，内容には万全を期したい。また，併せて「学年通信」「学部通信」「学校通信」「保護者会開催案内」及び教育委員会等からの配布依頼文書やリーフレット類，さらにPTAからの「お祝い文書」や「総会案内」など数多くの配布物が事前に集積してくるので，配布もれのないように記名した大封筒に分けて入れておくなどしたい。

**【保護者来校時の対応】** 始業式や入学式等の初登校日の保護者対応にも万全を期したい。校内に不慣れな保護者が迷わず我が子の教室に辿り着けるように案内表示にも気を配りたい。また教室表示も分かりやすくしたい。初の学級指導時には保護者は教室のどこにいて何を見せたいのかを想定して，場所を整えたい。手持ち資料を用意したならば，教室後ろのドア外に「1部取ってお入りください」等の掲示を添えてミニテーブルに置く。また，参観ルールである「私語や携帯電話操作は教室内・教室前廊下では御遠慮ください」を上手く伝える工夫も考えたい。

**【家庭訪問・保護者面談緒】** まもなく開始となる家庭訪問や保護者面談の内容検討と準備も並行して進めていく。

**【支援を必要とする保護者への対応】** 児童・生徒の保護者とその家庭は千差万別であり，様々な状況を抱えているケースも少なくない。特段の対応が必要ではないかと考えられるケースについては，学年主任等と相談して，必要な支援を用意し保護者の不安を安心に変えたい。
支援例：筆談準備・校内移動経路の確認，休憩室の確保，椅子の用意

（田村康二朗）

# 3章

## 必ず成功する！〈特別支援学校〉12か月の学級経営

CONTENTS

- 4月　新たな友達や先生との出会い
- 5月　学級における児童・生徒の役割
- 6月　学校内・外における豊かな学び
- 7月8月　学習のまとめと規則正しい生活
- 9月　児童・生徒の安全の確保
- 10月　学びの秋①スポーツの秋・芸術の秋
- 11月　学びの秋②進む学び・深まる学び
- 12月　学びの収穫期，結実する学び
- 1月　1年間の集大成に向けた学びのまとめ
- 2月　1年間の成長確認，学びの完成形
- 3月　学び得た成長の喜びを進級への期待に

# 4月 新たな友達や先生との出会い

## 今月のTODO

**学級事務**
- 学級経営計画の作成
- PTA役員の選出と連携

**環境づくり**
- 安全な教室環境の整備
- 学級の基本的なルールづくり：高等部

**個に応じた指導**
- 年間指導計画の作成
- 個別の指導計画の作成

**健康・安全の確保**
- 安全な通学
- 障害及び健康に関する実態把握

**キャリア教育と進路指導**
- 学級における役割決め
- 基本的な礼儀指導

**交流及び共同学習**
- 交流計画の作成
- 交流校との打ち合わせ

**保護者・関係機関との連携**
- 個別の教育支援計画の作成
- 個別の教育支援計画の確認

**その他**
- 教員間の情報の共有化

 **学校生活**

　4月は，新たな学校生活が始まる月である。そのため，入学式・始業式に加え，新入生を歓迎するための行事や新しい学年・学級の集団づくりのための行事などが行われる。

　そのような中，児童・生徒は，「今度の担任はどのような先生だろうか」「新しい友達はできるだろうか」等の様々な期待や不安をもっている。

　また，様々な行事等が実施される中，児童・生徒は楽しく新しい友達と過ごす一方で，新年度の時間割に基づく学習活動に見通しがもてずにいる場合もある。このような，児童・生徒に対する配慮も怠ってはならない。

　学級担任は，すべての子どもたちが，新たな学級での生活に安心し，目標をもって学習できるよう，十分な準備をしておくとともに，適切な支援を提供する必要がある。

 **学級経営の勘所**

● **的確な児童・生徒理解**

　学級担任は，新たな学級での指導を行うに当たって，まず，児童・生徒を十分に理解するこ

とが重要である。児童・生徒一人一人の特徴や配慮事項とともに，新たな学級における子ども同士の関係性やよりよい関わりを促すための支援について確認する必要がある。

そのためには，前年度からの引継ぎ資料を活用するとともに，日常生活の児童・生徒の言動等を十分に観察し，「どのようなことに興味があるのか」「どのようなことが得意（又は苦手）なのか」「どのような場面で，どのような行動をするのか」等を把握する必要がある。

このような児童・生徒理解は，児童・生徒一人一人の実態把握でもあり，個別の支援計画の作成やそれに基づく指導の充実にも資することになる。

### ● 学級におけるルールの明確化

学級における規則やルールを明確にすることは，落ち着いた学級風土を醸成する上で重要な取り組みである。なお，これらの規則やルールは，児童・生徒に分かりやすいものであるとともに，児童・生徒が少し意識することにより，実践可能な内容とすることに留意する必要がある。また，学級担任は，児童・生徒と確認した学級における規則やルールについて，常に意識し，指導にムラ（ある時は指導し，ある時は指導しない）のないように心がけなければならない。児童・生徒が混乱しないように，学級担任が，率先遂行し，模範となることが大切である。

## 仕事の勘所

### ● 実効性のある計画の作成

4月は，年度のスタートの月でもあることから，学級担任は，学級経営計画，各教科等の年間指導計画，個別の指導計画，交流計画等，様々な計画書を作成する。児童・生徒の教育を充実させる上では，計画的な指導を行うことが重要であり，そのために各種計画は必要不可欠である。なお，各種計画は，実効性のあるものでなければならない。特別支援学校における教育では，複数の教員や多様な専門家が関わることが多い。そのため，学級担任は，各教科担当や学年・学部の教師，特別支援教育コーディネーター等と相談・確認しながら作成に当たることに心がけることが大切である。

### ● 教師間での確認及び情報の共有化

新年度に入り，学級編制だけでなく，校務分掌も新たな体制となる。校務分掌に関しては，前年度に概ね次年度計画の作成や引き継ぎ等も行われているが，新たに採用された教師や他校から異動してきた教師もいるであろうことから，改めて教師間で連携し，打ち合わせや計画及び各教師の役割等を確認することが重要となる。

年度始めの時期であり，各種計画書の作成等も必要なため，打ち合わせや会議設定が困難な面もあるが，短時間でもよいのでこまめに行うことに心がけることが大切である。このような取組を日頃から心がけることは，教師間のコミュニケーションが活性化し，日常的な情報の交換や共有化を図ることにつながることからも重要である。

（緒方直彦）

# 学級事務

## 学級経営計画の作成

**学校経営計画**
校長の方針，本年度の重点課題，等

**学部経営計画**
学部目標，教育課程

**学級経営計画**
①学級目標 「この学級をどのようにしたいか」
②学級経営方針
　・キャリア教育　・人権教育　・心身の成長
　・各学部の中で学年が果たす役割（最終学年など）
③主な指導内容・方法
　・学級活動　・係活動　・休憩時間の過ごし方　・日常生活技能の向上
　・コミュニケーション能力の向上　等
④保護者との連携

　学級経営計画は，担任として「この学級をどのようにしたいか」を明確にまとめた計画である。特別支援学校では複数担任であることが多いが，主担任は学級経営計画を作成することにより，副担任が同じ意図をもって，児童・生徒の指導のあたることができるようにする。

　学級経営計画の作成は，上記の図に示したように，校長が示す学校経営計画を達成するために，学部経営計画に示された各学部目標，教育課程を踏まえて，どのような学級経営を行うかを示すものである。記載する項目は，①学級目標，②学級経営方針，③主な指導内容・方法，④保護者との連携等である。

　学級経営は構成する児童・生徒の実態を踏まえて，「①学級目標」の達成に向けた学級集団づくりを示すことになる。「②学級経営方針」の視点は，キャリア教育，人権教育，児童・生徒の障害特性に合わせた指導，各学部の中で学年が果たす役割等になる。「③主な指導内容」が学級活動，係活動，休憩時間の過ごし方，日常生活技能の向上，コミュニケーション能力の向上等であり，児童・生徒一人一人に合わせた具体的な指導方法を考えて，学級としての指導内容・方法を記載する。特別支援学校では，指導内容・方法を保護者との連携の中で般化させていくことが重要であるので，「④保護者との連携」として，保護者会や面談の内容を明記して共通理解を図っていくことが，学級づくりに大切なことである。

（原島広樹）

## PTA役員の選出と連携

　基本的に前年度末にPTA役員（会長，副会長，書記，会計）は選出されているが，各学年（学級）では学年（学級）委員を決める必要がある。学年（学級）委員の選出は，基本的には第1回保護者会で保護者間で話し合われて決まることが多い。

　特別支援学校の学級経営においては，家庭との連携が不可欠である。PTA学年（学級）委員の保護者と学級担任が連携を密にすることで，保護者間の連絡体制の要となり担任を支援してくれる存在になるのである。学年（学級）委員を引き受けていただいた保護者に「ありがとうございます。どうぞよろしくお願いします。」としっかりとした挨拶をすることが，学級担任としての初めの仕事である

　4月にはPTA総会がある。総会では，役員及び構成，前年度活動報告，本年度活動方針，前年度予算報告，本年度予算計画，規約改正等の確認が行われる。総会を成立させるためには，PTA会員の一定の割合が出席することが規約で定められている。しかし，出席できない保護者の委任状を含めて参加人数とできることから，学級担任は学年（学級）委員と連携し，委任状を確実に収集し，総会を成立させることが必要となる。総会で承認を受けた役員は，1年を通して学校行事，PTA連絡会，行政機関への陳情等の活動を行うので，各役員の名前を覚えておくことが担任として必要不可欠である。

（原島広樹）

# 環境づくり

## 安全な教室環境の整備

簡単な指示で行動が変わる

自分の持ち物の置き場所が決まっていると安心できる

　新学期が始まり，子どもたちを迎えるに当たって子どもたちが不慮のけがなどをしないようにするため，釘やねじが出ているところはないか，窓ガラスや扉の傷みなど教室の点検を行い修理の依頼をするとともに，安全な学級運営のための計画を立てる必要がある。大きなロッカーなどは，地震が起こった場合を想定し，固定されているか確認するとともにロッカーの上に荷物を積み上げないようにしなければならない。

　また，想定される子どもたちの動線上に大型の教具などを置かないよう教室配置を考える必要がある。皆で使う教材や遊具等は，使った後に散乱していると壊してしまったり，予期しない事故が起こったりすることがある。それらを片付ける場所を決め，使い方や片付けの方法について最低限守らなければならないルールをつくっておくことが重要である。共有物の使い方などのルールは，活動が始まってからつくると混乱を招くことが多くある。子どもたちを迎える前に決めておくことが重要である。肢体不自由のある子どもが在籍する場合，机と机の間の距離を十分取って移動しやすいように工夫しなければならない。移動時，机周りの荷物などでクラッチが引っかかったり足を取られたりしないように個人の荷物は机の周りに置かず，ロッカーにしまうというルールをつくっておくことが大切である。また，机の角などにぶつかりけがをさせないよう角をクッション素材で保護することも重要である。

(槙場政晴)

## 学級の基本的なルールづくり：高等部

朝の会　進行表

「今から　朝の会を　始めます。
立てる人は、立ってください。」
「気を付け、礼」
「おはようございます！」（みんなで元気よく言う）
「着席」

「今日の予定」

「先生からの連絡」

「今日の給食」

「これで　朝の会を　終わります。
立てる人は、立ってください。」
「気を付け、礼」
「ありがとうございました」

安心して司会ができる進行表

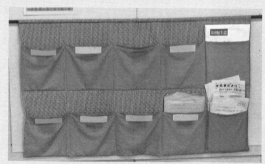

自分のプリント場所が分かるポスト

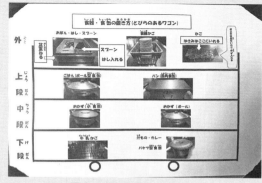

写真で分かる食缶の返し方

　新学期が始まり，登校してくる子どもたちは何をしたらよいのか分からないため，馴染みのある友達と離れず行動する，担任にわざといたずらをするといった不安を示す行動がみられることが多くある。このような子どもたちがこれから1年間安心して学級で過ごせるようにするためには，集団生活に必要な基本的なルールをできるだけ早い時期につくることが大切である。

　子どもたちが初めて登校したとき，自分の席やロッカーが決まっているなど自分の場所が決まっていることが分かると最初の不安が解消される。さらに，ロッカーの使い方や荷物の置き方など何をどうすればよいのか事前に決めておき，子どもたちに分かりやすく伝えられるように準備しておくと子どもたちは安心して行動できるようになる。このように子どもたちの不安を解消するため，できるだけ早期に決めておきたいことの例として○宿題や提出物の提出の仕方，○朝の会の進め方，○日直の順番と仕事，○給食の準備や片付け，○帰りの会の進め方，○係の仕事などが考えられる。集団活動を営む上で必要なルールについては，子どもたちの実態に合わせて考える必要がある。これらのルールは，子どもたちと話し合いながら「これなら守れる」という無理のないルールをつくっていくようにする。学級にルールがあると叱るのではなく，やり方を教える肯定的な指導が自然とできるようになる。ルールが定着してくると気持ちのゆとりができ，子どもたち同士の交流や活動が活発になる。

（槇場政晴）

# 個に応じた指導

## 年間指導計画の作成

**平成○○年度　高等部　年間指導計画**

| 教科等 | 学習集団（グループ） | 指導教員名 |
|---|---|---|
| 数学 | 1年　2グループ | |

**ねらい**
- （数と計算）100までの数系列を理解する。具体物を用いて、足し算ができる。繰り上がりのある足し算ができる。
- （時刻・時間）日、時、分の単位関係を理解する。
- （よみ）7曜表の理解を深める。
- （長さ・重さ）間接比較で重さ、長さを比較し重い・軽い、長い・短いがわかる。
- （お金）価格に応じたお金が出せる。

（1年間を通じての教科等の目標を具体的に表記）

| 月 | 月ごとの指導時数 | 単元・題材名 | 単元ごとの指導時数 | 単元のねらい | 学習内容 | 指導教材 |
|---|---|---|---|---|---|---|
| 4 | 3 | オリエンテーション | 3 | ・グループ学習に見通しをもつ | ・メンバー確認<br>・個数を数えるゲーム<br>・時間割 | プリント<br>ボーリングゲーム<br>時計模型 |
| 5 | 4 | （よみ）カレンダーの読み<br>（時刻・時間）時計の読み | 通年毎授業 | （よみ）<br>・あした、あさって、きのう、おとといがカレンダーでわかる<br>（時刻・時間）<br>・日常生活の大まかな時間がわかる | ・カレンダー<br>・1日の生活 | カレンダー<br>時程表<br>時計模型 |
| 6 | 6 | | | | | |
| 7 | 1 | （数と計算）個数数え<br>ゲームでの得点計算 | 11 | ・繰り上がりのある足し算ができる<br>・具体物を正しくはやく数えられる | ・個数を数えるゲーム<br>・具体物を用いての計算 | 数え棒<br>ゲーム<br>プリント |
| 9 | 5 | （お金）買い物をイメージした学習 | 13 | ・価格に応じた金種が出せる<br>・金種を組み合わせた金額がわかる | ・金種<br>・金額の計算 | お金<br>計算機 |
| 10 | 8 | | | | | |

（単元ごとの短期的な目標を、より具体的に表記）

年間指導計画（例）

「年間指導計画」は、各教科等の指導を、どのようなねらいをもって、どのような単元や題材の配列で指導をしていくかを明記したものである。学校によって若干の書式の違いはあるが、概ね各教科等の1年間の長期的な「目標やねらい」、短期的な「単元（題材）ごとの目標やねらい」、単元ごとの「学習内容」「配当時数」などを記述する。特別支援学校（知的障害）の各教科においては、児童・生徒が自立し社会参加するために必要な知識や技術、態度などを身に付けるため、学部ごとに障害の状態や学習上の特性などを踏まえた目標、内容が示されている。学習指導要領の内容をしっかりと踏まえて、年間指導計画を作成することが大切である。以下の手順で作成する。

①教科等で、年間を通じて身につけたい力を教科等の「目標」として設定する。
　・児童・生徒個々の目標については「個別の指導計画」で設定する。
②教科等の目標を達成できるように、単元（題材）を配列する。
　・各単元の時数内容のバランス等を考慮して配当する。
③各単元（題材）の目標をより具体的に設定する。
　・終了時に概ねできるようになったり、分かるようになったりする具体的な目標を設定する。
④単元の目標を達成するための、「学習内容」「使用教材」等を記述する。

（鈴木敏成）

# 個別の指導計画の作成

## Aくんの目標設定（高等部2年）

**実態**
・漢字の読み書きは，漢字検定10級程度。
・単語で意志を伝えようとする。
・卒業後は販売などの仕事がしたい。

**長期目標**
人と接することが好きな性格を踏まえ，卒業後の生活で生かすことのできる力を育成する視点で長期目標を設定

仕事をする上で必要とされる言葉での報告や相談，記録の記入などができるようになる。

**短期目標（1学期）**
・「〇〇が，終わりました」など，状況に応じた正しい言葉使いができる。
・書くことのできる漢字を増やし，文章の中に書くことができる。

　「個別の指導計画」は，「個別の教育支援計画」に基づき，学校における具体的な支援を明示した計画である。目標と手立て，配慮事項等を児童・生徒ごとに明記する。「個別の指導計画」は合理的配慮に基づいた作成が求められる。合理的配慮については国立特別支援教育総合研究所の「インクルDB（http://inclusive.nise.go.jp/）」の事例を参考にしたい。

　個別の指導計画の書式は学校や自治体ごとに定められている。東京都の多くの特別支援学校では，「重点目標」「中心となる目標」など，学校生活全般を通じて達成していく中心的な目標と，各教科等別の目標・学習内容・手立て等を記述する書式を使っている。

①**重点目標**　障害特性やニーズ等を踏まえ，現時点で最も大切と思われる目標を設定する。アセスメントの結果等を活用して，適切に実態を把握して，前年度の成果を踏まえて設定する。障害特性に配慮して，できないことの改善とともに，得意なことや伸びていることにも注目してよい面を積極的に伸長させる観点で目標を設定する。

②**各教科等の目標**　教科等ごとに目標，学習内容，手立て等を設定する。各教科等の年間指導計画を踏まえ，より具体的で，個別的な目標を設定する。各教科等の目標設定に当たっては，現時点ではどこまで出来ているか実態把握をしっかりと行い，1学期終了時（もしくは前期終了時）に達成可能な具体的な目標を設定する。

（鈴木敏成）

# 健康・安全の確保

## 安全な通学

スクールバス緊急連絡対応表の例

（吹き出し）体調面・健康面で配慮が必要な子どもについては，バスに乗る介助員と十分に連携を取る。

　通学について，スクールバスを利用する場合に配慮すべき点は，スクールバス内での児童・生徒の体調面・健康面についてである。スクールバスには多くの場合，2名の介助員が乗り，スクールバス内での児童・生徒の安全を確保し，乗降時の支援を行っている。特に体調面で配慮が必要な児童・生徒について，介助員と連携を取る必要がある。どのような症状が起きたときはどのように対処すればよいか。どのような場合に救急搬送が必要なのか。「スクールバス内での配慮事項」や「緊急対応マニュアル」等で文書化し，スクールバス利用までに介助員と打ち合せをすることが重要である。また，スクールバス内の児童・生徒の様子について，定期的に介助員と担任との情報交換が必要である。

　中学部，高等部では，生徒の実態により，自宅からバス停までの間を生徒一人で移動することを認めている。また，高等部では，公共交通機関を利用し通学（自力通学）する生徒もいる。この場合，事前に保護者と確認し，連携を取ることが重要である。練習中の生徒の様子を保護者と情報交換したり，担任が練習に同行したりすることで，通学路の確認を行うとともに生徒の自力通学中の状況を把握し，適切な指導助言を行うことができる。自力通学練習中の生徒の様子によっては，事前に確認した開始時期を変更することもある。自力通学練習をとおして生徒が自信をもって自力通学を開始できるようにしたい。

（佐々木和宏）

## 障害及び健康に関する実態把握

### ④障害者手帳の判定と障害名

手帳・診断・服薬など（いずれかに○をしてください。）

| 療育手帳 | 身体障害者手帳 | 精神障害者保健福祉手帳 |
|---|---|---|
| 有 （Ⓐ・A・Ⓑ・B） | 有 （　　級） | 有 （　　級） |
| 判定年月日 | 障害名（　　　） | 交付年月日 |
| 平成　年　月　日 | 交付年月日 | 平成　年　月　日 |
| 次回更新年月日 | 平成　年　月　日 | |
| 平成　年　月　日 | | |
| 無 | 無 | 無 |

障害等の診断
　診断名あり〔診断名：　　　　　　　　〕
　医療機関名〔　　　　　　　〕年齢〔　　〕歳のとき
　診断名なし

薬の服用
　あり〔薬剤名：　　　　　　　　　　　　　〕
　なし

### ⑤身体の様子

| | | |
|---|---|---|
| | 1 | 最近の身長・体重　身長（　　）cm　体重（　　）kg |
| | 2 | 発熱しやすい |
| | 3 | 風邪を引きやすい |
| | 4 | 嘔吐することがよくある |
| | 5 | 鼻汁がよくでる |
| | 6 | めまいを起こすことがよくある |
| | 7 | 自家中毒を起こすことがある |
| 現在の状況 | 8 | 発作がある　　　　（　　　　　　　　　　） |
| | 9 | アレルギー体質である（　　　　　　　　　） |
| | 10 | 喘息がある　　　　（　　　　　　　　　　） |
| | 11 | 心臓疾患がある　　（　　　　　　　　　　） |
| | 12 | 腎臓疾患がある　　（　　　　　　　　　　） |
| | 13 | 手にまひがある　　（　両手　・　右手　・　左手　） |
| | 14 | 足にまひがある　　（　両足　・　右足　・　左足　） |
| | 15 | 視力が弱い　　　　（右　　　　　　左　　　　　） |
| | 16 | 聴力が弱い　　　　（右　　　　　　左　　　　　） |
| | 17 | その他　配慮が必要な身体の様子 |

個人調査票の障害及び健康に関する記録項目例

　障害及び健康に関する実態把握については入学前に保護者から提出される個人記録表や保護者への聞き取り，入学後に担任によるアセスメントや本人の観察等で行うことが多い。

　入学前，保護者が記入する個人記録票には次のような項目がある。

　①家族構成，②教育歴，③相談・訓練歴，④障害者手帳（療育手帳，身体障害者手帳，精神障害者保健福祉手帳）の判定と障害名，⑤身体の様子（身長，体重，発熱しやすい，まひがある等），⑥てんかん発作，⑦常備薬，⑧既往症，⑨医療的ケア，⑩運動制限，⑪食事の制限，⑫生活の様子（食事，排せつ，衛生，移動，コミュニケーション，行動の特徴や対人関係，感覚，その他の行動），⑬現在利用している福祉サービス，⑭その他。

　また，給食・保健についての調査を別に行い，給食における特別食やアレルギー，食器，学校生活全般における疾病等の状況，医療的ケアの有無，発作への対応など栄養教諭，養護教諭，看護師と連携を取る。

　この記録票等は個別の教育支援計画や個別の指導計画に反映させ，目標設定を行ったり，緊急時に対応したりすることに使用する。保管については，児童・生徒が安全で安心できる学校生活を送るために，保護者から提出された記録票はいつでも取り出せるようにするとともに個人情報として管理し，鍵の掛かる棚などに確実に保管することが大切である。

（田中　晃子）

# キャリア教育と進路指導

## 学級における役割決め―係活動―

---

### 係活動の指導のポイント

【係活動とは】
　係活動は，児童・生徒の力で学級生活を豊かにするために，自分たちで話し合って係の組織をつくり，全員でいくつかの係に分かれて自主的に行う活動を言う。

【当番活動と係活動の違い】
　当番活動は，学級の生活が円滑に運営されていくために学級の仕事を皆で分担して担当する活動であり，学級生活の充実に資するものである。一方，係活動は，児童・生徒が仕事を見出して創意工夫し，主体的に学級生活の向上に資するものである。
　特別支援学校では，児童・生徒の実態を踏まえ，学級内での仕事分担を分かりやすくするために「当番活動」と「係活動」の内容を合わせて名称を「係活動」に一本化して行っている場合がある。

【係活動で育む心情】
☆学級生活を豊かにするために，自分が役割を果たせる活動の場が見つかり，自己有用感が高まる。
☆学級のために働くことに喜びを感じる活動を通して，勤労奉仕の大切さや意義を理解できる。
☆係の活動が友達づくりのきっかけになり，協力や信頼に基づく友情を大切にする意識が高まる。

---

　学級における係活動は，児童・生徒一人一人が役割を発揮する場面が多い。特に障害の特性から個々のもっている能力と技量は，それぞれ異なるため，一人一人の特性を十分に把握することが大事である。学級の全員の特性を踏まえた上で，係活動の内容を精選する。
　はじめは手順も簡単なものにし，一人でできる内容を担わせ，少しずつステップを上げていくことが大事である。
　具体的なステップとして，以下のようにしていくと，一人一人が自信をもち，取り組める。
①担任が一緒に付き添い，声かけ等を行いながら，係活動が完結できるようにする。
②係仕事の手順が示されている手順表（イラスト付）を基に，一人で完結できるようにする。
③最初から最後まで一人で完結できるようにする。
　係活動の場所の範囲も，はじめは教室内の仕事内容にし，少しずつ教室外への仕事内容に移行していくと，学級での役割も広がっていく。低学年のうちは学級担任が係活動の内容を決めて，係分担してもよいが，学年が上がるごとに学級のみんなで学級の係活動の内容はどのようなものがあるのか決めさせてもよい。そして，学級の仲間一人一人のできることをみんなが理解して，仲間同士で係活動の担当を決めていくことも大事である。みんなで決めた係活動の内容と担当を果たして行きつつ，お互いの役割を認め合っていくことが大事である。　（田村康二朗）

# 基本的な礼儀指導

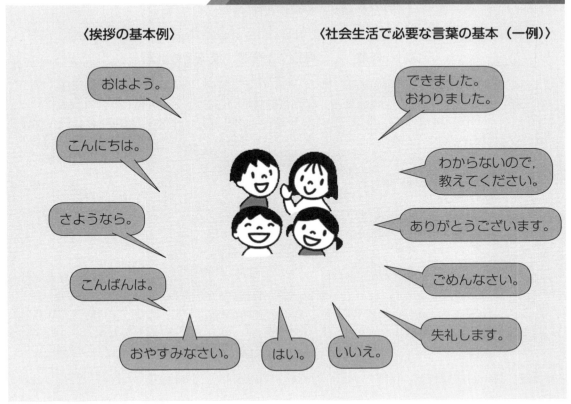

〈挨拶の基本例〉
- おはよう。
- こんにちは。
- さようなら。
- こんばんは。
- おやすみなさい。
- はい。
- いいえ。

〈社会生活で必要な言葉の基本（一例）〉
- できました。おわりました。
- わからないので，教えてください。
- ありがとうございます。
- ごめんなさい。
- 失礼します。

　基本的な礼儀の中には，まず，「あいさつ」がある。特に4月は「あいさつ」を習慣化させるよい機会である。新しい学級，教室，仲間になり，新たな関わりが多い時期でもある。
　「あいさつ」には，いくつかの場面がある。
①スクールバスの乗車時に運転手や乗務員に対して「おはよう・さようなら」
②登下校時に担任や友達に対して「おはよう・さようなら」
③係活動時に担任や友達に対して「できました・終わりました・お願いします」
④学習活動時に教師や友達に対して「はい・できました・終わりました」
⑤物の貸し借り時に教師や友達に対して「貸してください・ありがとうございました」
　あいさつ等の定着には，担任がはじめはやって見せて，次にやらせて見せて，できたら褒めるなど，段階を経ていくと身に付いていく。
　また，言葉で表現しづらい児童・生徒には「あいさつカード」を作成し，場面に応じて活用できるようにしていくと，児童・生徒の主体性を促すことができる。
　学校生活を通して，基本的な礼儀をどれだけ身に付けられるかが社会自立した際に，自分を助けることにもなる。毎日，細やかな指導と習慣を積み上げていくことが重要である。基本的な礼儀は，大人になる身だしなみであることを日々，意識していくことである。
　　　　　　　　　　　　　　　　　　　　　　　　　　　　　　　　　　　　（田村東二朗）

# 交流及び共同学習

## 交流計画の作成

| | | 小学部 | 中学部 | 高等部 |
|---|---|---|---|---|
| 学校間交流 | 相手校 | ○○市立○○小学校 | ○○市立○○中学校 | ○○県立○○高等学校 |
| | 日程 | ①平成○年○月○日（　） | ①平成○年○月○日（　） | ①平成○年○月○日（　） |
| | | ②平成○年○月○日（　） | ②平成○年○月○日（　） | ②平成○年○月○日（　） |
| | 主な活動 | ゲーム，ダンス，遊具 | 合同お楽しみ会 | 作業学習，部活動交流 |
| | 担当者 | 本校○○　／　小学校○○ | 本校○○　／　中学校○○ | 本校○○　／　高校○○ |
| | 備考 | 継続5年目　5年生希望<br>事前事後授業有り | 継続7年目<br>事前授業有り | 新規<br>事前授業有り，生徒訪問あり |
| 支援籍※ | 児童・生徒名<br>学年<br>性別<br>支援籍校 | ①A・4年・男子<br>　○○市立○○小学校<br>②B・5年・女子<br>　○○市立○○小学校<br>⋮ | ①H・1年・女子<br>　○○市立○○中学校<br>②I・2年・男子<br>　○○市立○○中学校<br>⋮ | |
| 地域交流 | 相手先 | 私立○○幼稚園 | ○○老人会 | ○○作業所 |
| | 日程 | ①平成○年○月○日（　） | ①平成○年○月○日（　） | ①平成○年○月○日（　） |
| | 主な活動 | 合同芋掘り | 太鼓演奏会 | 合同駅伝大会 |
| | 担当者 | 本校○○　／　幼稚園○○ | 本校○○　／　代表○○ | 本校○○　／　指導員○○ |

平成○○年度　○○特別支援学校　交流全体計画

　特別支援学校と小学校・中学校・高等学校等が，それぞれの学校の教育課程に位置付けて，障害のある児童・生徒と障害のない児童・生徒がともに活動する交流及び共同学習は，障害のある児童・生徒の経験を広め，社会性を養い，豊かな人間性を育てる上で大きな意義を有しており，双方の児童・生徒にとって意義深い教育活動である。

　交流及び共同学習は，計画的，組織的に進めることが大切であり，各学校が作成する交流計画は，その要となるものである。交流計画の作成については，前年度の段階で評価とともに次年度の交流に関する調整は進められており，4月の段階ではその概要は決まっていると思われる。しかし，新年度新たな担当が，交流先との連携のもと，再度児童・生徒一人一人の実態を踏まえ交流計画を作成する必要がある。

　上の表は，ある特別支援学校の交流全体計画である。前年度の評価や今年度の児童の実態等から，学校間交流，支援籍（※障害のある児童・生徒が必要な学習活動を行うために，在籍する学校または学級以外に置く埼玉県独自の学籍），地域交流について，学部ごとにその概要をまとめたものである。実際には，学部ごと，活動ごとに，教育課程上の位置づけ，目標や評価の観点，内容，回数，時間，打ち合わせや役割分担等，細部にわたり交流計画を作成していくこととなる。

（佐野貴仁）

## 交流校との打ち合わせ

**交流打ち合わせメモ**

1. 打ち合せ実施日及び場所
   - 平成　年　月　日　：　～　：
   - ○○特別支援学校○年○組　教室
2. 担当者
   - 特別支援学校…○○教頭，○○教諭
       　　　　　　　　○○コーディネーター
   - 小学校　　　…○○教頭，○○教諭
       　　　　　　　　○○コーディネーター
3. 交流実施日及び場所
   ① 平成　年　月　日（　）：　～　：
       ○○特別支援学校　小学部プレイホール
   ② 平成　年　月　日（　）：　～　：
       ○○小学校　○年○組教室，体育館
   ③ 平成　年　月　日（　）：　～　：
       ○○特別支援学校　小学部プレイホール
4. 交流の主なねらいの確認
   - 特別支援学校…
   - 小学校…
5. 特別支援学校の児童の実態等
   ① A（小学部○年，男子）
      - 障害等の状況等
      - 交流の目標
      - 好きなこと，得意なこと
      - 嫌いなこと，苦手なこと
      - その他
   ② B（小学部○年，女子）
      ⋮
6. 小学校の児童の配慮点
   ① 全体として
   ② 個々の児童で
7. その他
   - 事前授業
   - 写真カードの作成
   - ビデオレターの作成
   - 保護者など，当日参加者の確認

　交流及び共同学習が，より効果的に実施されるためには，交流校同士が十分に話し合う機会をもち，お互いが相手校の教育，交流に対して意義やねらい，児童・生徒の状況等について共通理解を図ることが必要である。実施に当たっては，特別支援学校と小学校・中学校・高等学校の両者が十分に打ち合わせを行い，指導計画に基づく内容や方法等を丁寧に検討し，障害のある児童・生徒一人一人の実態に応じた様々な配慮や障害のない児童・生徒の問題意識等に応じた配慮を行うなどして，計画的，組織的に継続した活動を実施することが大切である。

　上の表は，ある特別支援学校が，交流校との打ち合わせの際に用いている「交流打ち合わせメモ」である。打ち合わせを行う内容について，双方の担当者が事前に作成して会議の場に持ち寄り，項目ごとに確認していく。打ち合わせは，特別支援学校で行い，実際の児童・生徒の様子を見てもらった上で行うようにしている。担当者は，可能な限り複数で行い，様々な立場や観点からの意見を出し合い，より広い視野をもっての打ち合わせにしていく。また，多くの関係者が特別支援学校の授業を直接見たり，話し合いながら理解を深めたり関係を深めたりすることもねらっている。内容としては，交流実施日及び場所，双方のねらいの確認，特別支援学校の児童の実態，小学校の児童に対する配慮点，事前授業の内容の確認，直接の交流前に作成していくもの等である。

（佐野貴仁）

# 保護者・関係機関との連携

## 個別の教育支援計画の作成

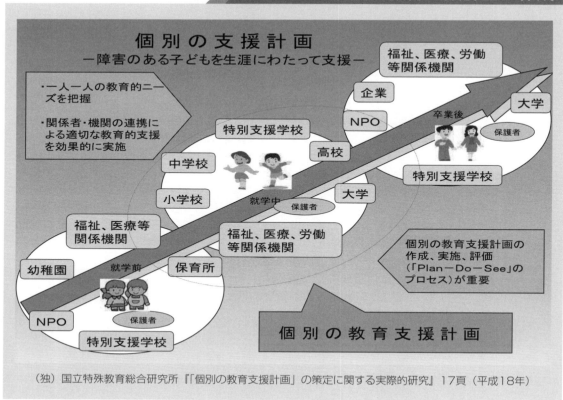

（独）国立特殊教育総合研究所『「個別の教育支援計画」の策定に関する実際的研究』17頁（平成18年）

　個別の教育支援計画は，特別な支援を必要とする児童・生徒に対して，本人や保護者の希望を踏まえながら，長期的な視点に立って乳幼児期から学校卒業後までの一貫性のある支援を行うための「ツール」となるものである。その作成と活用にあたっては，教育のみならず，福祉，医療，労働等の様々な関係機関が密接な連携を図ることが大事である。

　個別の教育支援計画は，入学前に同様の計画がある場合は，それを基に関係機関と協議し個別の教育支援計画を作成する。ない場合も，保護者にそれまで関わった関係機関を聞き取り，作成する。初めて作成する方法の一例として，PATH（Planninng Alternative Tomorrow with Hope）の手法を紹介する。下のステップで児童・生徒，保護者と話し合いながら検討する。その後，個別の教育支援計画の書式の「将来の希望」「現在の様子」「支援の目標」「支援機関の支援」の欄に該当する内容を転記し作成する。

PATHのステップ：①夢や希望を語る　②ゴールを設定する　③今の様子を確認する　④誰が必要か検討する　⑤必要な力はなにか検討する　⑥はじめの一歩（行動目標）を決める

（菊地直樹）

## 個別の教育支援計画の確認―前年度の確認―

| 個別の教育支援計画　書式例 |
| --- |
| **プロフィール** |
| 氏名　性別　生年月日　住所　連絡先　障害名　保護者名　学校名　担任名　等 |
| **現在・将来についての希望** |
| |
| **支援の目標** |
| |
| **学校の支援** |
| |
| **支援機関の支援** |

| | | | |
| --- | --- | --- | --- |
| 家庭生活 | 支援機関 | 担当者 | 連絡先 |
| | 支援内容 | | |
| 余暇・地域生活 | 支援機関 | 担当者 | 連絡先 |
| | 支援内容 | | |
| 医療・健康 | 支援機関 | 担当者 | 連絡先 |
| | 支援内容 | | |
| 福祉・労働 | 支援機関 | 担当者 | 連絡先 |
| | 支援内容 | | |

| **支援会議の記録** |
| --- |
| |
| **成長の様子　評価と課題** |
| |
| 保護者サイン |

> 個別の教育支援計画はチームで連続した支援を実現するための計画書である。

個別の教育支援計画（書式例）

　個別の教育支援計画は，一人一人の連続した支援をつなぐものであり，単独ではなくチームで支援するものである。特に，幼稚園・保育園から学校，学部間という節目の引き継ぎは大事である。前年度に前機関・前学部を訪問し下記の点などを踏まえ，様子を把握するとよい。

・**将来の希望，目標**
　個別の教育支援計画では，児童・生徒の夢や希望も育てる。計画を実施してどのように希望が変遷してきたのか把握する。それは，児童・生徒，保護者のニーズに寄り添うことにもなる。

・**本人の意識，努力**
　児童・生徒の主体的な取組と支援が合致することで良い成果が上がる。本人が目的を意識して取り組んでいること，できること，努力していることなどを的確に把握する。好きなこと得意なことを多く把握すると有効な支援につながる。

・**支援機関の内容**
　支援機関の支援を具体的に把握する。放課後などにデイサービス等を利用している場合，下校時に引き渡す確認が必要である。地域での様子を知ることで，学校で取り組む課題も明確になる。

（菊地直樹）

# 5月 学級における児童・生徒の役割

## 今月のTODO

**学級事務**
- 就学奨励費の確認
- 学校徴収金の管理

**環境づくり**
- 見通しがもちやすい掲示
- 春を感じる掲示

**個に応じた指導**
- 学習指導案の作成
- 教科等を合わせた指導①：生活単元学習

**健康・安全の確保**
- アレルギーへの配慮
- 校内移動における安全指導

**キャリア教育と進路指導**
- 「自分の長所を知る」授業
- 「他人の長所を知る」授業

**交流及び共同学習**
- 交流校への事前訪問
- 特別支援教育コーディネーターとの連携

**保護者・関係機関との連携**
- 連絡帳の活用①
- 学級通信の活用

**その他**
- 事務室との連携
- 保健室（養護教諭）との連携

 ## 学校生活

　5月は，大型連休も終わり，学級においても児童・生徒が，学校生活に見通しをもち，落ち着いて生活できるようになる。4月と比較して，児童・生徒も互いに親しくなり，学校生活における学習活動も活発になってくる。

　また，4月当初に学級会やホームルームで決めた係活動についても少しずつ児童・生徒の主体的な取組がみられるようになる。児童・生徒が，学校生活の中で役割をもって生活することは，キャリア教育の視点からも重要である。学級担任は，児童・生徒のそのような活動の様子を把握し，より主体的な活動を促すために，適時，称賛したり評価したりすることが大切である。更に，交流及び共同学習では本年度の交流計画に基づき，具体的な交流が始まる時期でもある。交流相手校の学級も新たになることから，学級担任は，特別支援教育コーディネーターと連携して，交流校の学級担任等と事前の打ち合わせを行うなど，交流及び共同学習の円滑な実施を図ることが求められる。

 ## 学級経営の勘所

## ● 児童・生徒が学級で役割を果たす係活動の取組

児童・生徒の自主性を伸ばしたり，責任感をもたせたりするためには，学級担任による児童・生徒の係活動に関する指導は極めて重要である。係活動を通じて，児童・生徒の学級への所属感や友達との連帯感が培われる。また，学級における係活動は，小学部から高等部まで一貫したキャリア教育の推進を図る上でも重要である。なお，係活動の活性化を図るためには，十分な活動時間の確保，児童・生徒一人一人の役割の明確化，児童・生徒による係活動の成果の確認や活動の振り返り等，学級担任は十分に留意する必要がある。

## ● 保護者との連携による指導

特別支援学校では，学級担任と保護者との連携は，児童・生徒の指導の充実を図る上で必要不可欠である。そのため学級担任は，連絡帳等において，学級等における学習や指導の成果とともに，指導・支援方法を保護者に伝えることで，学校での取組を家庭でも生かせるように努めることが大切である。なぜなら，学級及び学校での指導・支援と家庭での取組が一貫することにより，児童・生徒の成長をより一層促すことになるからである。さらに，保護者が家庭で子どもの成長を実感することにより，学級担任への信頼につながり，保護者と連携した学級運営を図ることができる。

 仕事の勘所

## ● 保護者への情報提供

保護者は，子どもの学校での様子や学習状況及び卒業後の進路先に関することなど，様々な有益で正確な情報を得たいと考えている。そのために，学級担任は，保護者の必要としている情報の内容を把握して，適時，適切な情報提供に努めなければならない。保護者会や家庭訪問，保護者面談等の機会では，特にその点について留意する必要がある。しかし，進路先に関する具体的な情報や福祉制度等，学級担任だけでは十分な情報提供が困難なこともある。そのため，学級担任は特別支援教育コーディネーターや進路指導主事等からの情報収集に努めるとともに，必要により他の学級担任と連携して合同での保護者への情報提供の機会を設定したり，学級通信だけでなく学年・学部通信の内容を工夫したりすることも有効である。

## ● 事務室（主事）・保健室（養護教諭）との連携

学級担任は就学奨励費や学校徴収金等の事務手続きや，児童・生徒の健康・安全に関する指導上必要な情報の管理を学校等が定める規則やルールに基づき，円滑かつ確実に行わなければならない。そのためには，日頃から事務室の担当者や養護教諭との連携に努め，相互の確認を徹底することが重要である。なぜなら，それらの書類は重要な個人情報が含まれており，個人情報の保護の観点からも慎重な取り扱いが求められるからである。個人情報の紛失は，重大な教職員による学校事故である。このことを日常的に意識し，事故の未然防止を図る上で，事務室の担当者や養護教諭と連携し定期的に確認することが大切である。

（緒方直彦）

# 学級事務

## 就学奨励費の確認

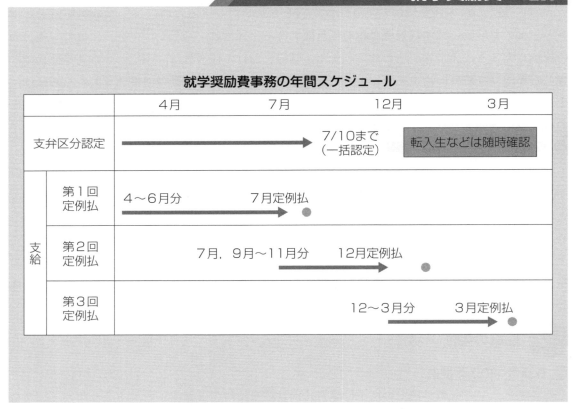

就学奨励制度は，教育の機会均等を保障する制度であり，特別支援学校教育にかかる経費の負担を軽減するものである。「平成27年度就学奨励事業概要」によると全体の約90％の保護者が就学奨励制度を利用している。支給の対象となるのは，保護者が直接負担する学用品購入費や交通費，学校徴収金から支出される行事等実施費用など様々である。

事務の年間スケジュールは上記のようであり，「支弁区分認定」と「支給」に係る事務があるが，基本的に事務室（経営企画室）の担当者が説明し，書類の提出を求める。担任としてもこれらの書類を収集することと，作成する文書があることを知っている必要がある。

支弁区分認定とは，保護者の経済的負担能力（収入等）に応じてⅠ段階，Ⅱ段階，Ⅲ段階及び施設等に区分し，経費に対する支給割合を認定することである。5月期は，認定にかかる受給調書，所得証明や交通調書等の個人情報を含む重要な書類が提出される。また，支給に関しては3期分の受給に関する申請書が提出される。担任は期限までの提出を保護者に働きかけること，提出された文書の内容確認，事務室（経営企画室）の担当者への確実な受け渡しを行う必要がある。また，このような重要書類については，受け渡し専用の封筒を用いたり，預かり受け渡しの記録をつけたりするなど各学校にあるルールを確認して，紛失や誤配布などが絶対に起こらないようにしなければならない。

（原島広樹）

# 学校徴収金の管理

```
                    学校予算

 公  費 〈税金等の収支によりまかなわれる経費〉

 私  費 〈保護者の負担する経費〉

   学校徴収金：学校等が保護者から徴収する経費
   【例】 積立金（学年担当教師等が支出起案者）→ 補助教材費
        給食費（給食会計担当者が支出起案者）
        生徒会費（生徒会担当教師，部活動顧問等が支出起案者，執行管理者）
        PTA会費（PTA役員，PTA事務職員等が支出起案者）

   直接支払経費：保護者等が業者に直接支払する経費
   【例】 標準服，体操着など
```

　学校徴収金は，私費の一部である。学校徴収金の管理に教師として関わるものは，積立金（補助教材費）と生徒会費についてである。

　積立金（補助教材費）の会計では，収納，執行，出納の業務は事務室（経営企画室）の担当者が行うが，担任として支出起案を行う必要がある。学年の会計担当者と連携して支出承認書を作成し，資金前渡による支払を行うことが基本である。家庭科調理材料の調達や買い物学習の費用などは必ず資金前渡を受けなければならない。校外学習等の経費（入園料，使用料等）も同様であるので，担当者となった場合には十分に注意をする必要がある。

　また，生徒会費については，教師が執行管理者となる。生徒会や部活動では，顧問となった教師が担当者となり執行の管理を任されることから，出納簿を必ずつけて，年度末の会計報告を行う必要がある。新規採用者で部活動の顧問を任された時は，活動費の管理について先輩教師や事務室（経営企画室）担当者に取扱いを確認し，適切に行っていくことが大切である。

　さらに，積立金（学校徴収金）の未納督促の確認も担任の業務であり，1年間を通して，事務室（経営企画室）担当者や学年会計担当教師と連携して，適切な学校徴収金の管理をしていかなければならない。

（原島広樹）

# 環境づくり

## 見通しがもちやすい掲示

絵記号で意味が分かる時間割と
誰と学習するのか分かる時間割

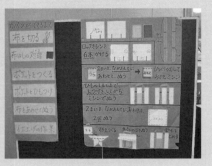

カバンができるまで

メモ帳ができるまで

　子どもが見通しをもって過ごせるためには，予定表や手順表をつくって子どもたちに提示することが大切である。予定の掲示は，子どもたちが気になったり不安になったりした時にいつでも確認し，安心して学習活動に参加できるように教室の前方に予定のコーナーをつくり掲示しておくようにする。掲示のスペースが狭い場合や掲示物が多くなる場合は，小黒板やホワイトボードを用いると必要な時に見せられるので効果的である。もし，対象の子どもが，教科名や学習内容を理解することが難しい場合は，一緒に勉強する先生の写真を教科名に添え〇〇先生との勉強という意味付けをすると見通しがもちやすくなる。

　作業の手順を理解し，見通しをもって作業学習を進めるため，手順表があると安心して作業に取り組むことができる。写真の「カバンができるまで」の場合は，各工程模型を色画用紙でつくってあり，模型をめくると裏側の様子が見えるように工夫してある。「メモ帳ができるまで」は，製作手順を写真で示し，子どもたちが手順を確認しながら作業できるように工夫してある。このような手順表があると作業の途中で分からなくなった場合は，自分で確認しどのようにすればよいのか自分で考え，解決する力を育てることもできる。計算などの手順をフローチャートやカードなど課題の応じた形式でつくり，掲示することも安心して学習に取り組ませるために有効である。

（槇場政晴）

## 春を感じる掲示

クラスの皆が乗った汽車を作り，それに春をイメージする装飾を加えて春のイメージを演出した例

子どもたちが見つけた春

　春は，子どもたちにとって期待と不安がいっぱいの季節であるため，子どもたちを迎える教室の掲示は，明るくあたたかなものや見通しのもてるものにしたい。例えば，仲間づくりをテーマとする場合は，子どもの写真やイラストなどを色画用紙などでつくった列車などに乗せるとクラスの仲間というイメージが演出できる。挿絵の例のように，この乗り物の背景に桜や蝶を加えると春をイメージする装飾になる。この装飾は，仲間づくりがテーマであるので，子どもたちが乗った乗り物は変更せず，季節ごとにその季節をイメージする装飾に変更する。背景が季節ごとに変わると同じ装飾であっても新鮮な感覚を得ることができる。今後の行事の予定などをイラストなどでアレンジすると予定表に興味をもたせることができ，今後の予定を分かりやすくすることができる。また，「気温の記録」をつけたり，「春を探そう」などのテーマを設定しその季節を探す活動を取り入れると，子どもたちの発見が季節の装飾として活用できるとともに，より季節の移り変わりを実感させることができるようになる。

　1日の大半を子どもたちが過ごす学校は，家庭や社会の環境と同様に大切なものである。子どもたちへメッセージを発信し，新しい気づきを促す教室環境づくりをすることが子どもたちに学校に登校する楽しみややる気を起こさせるきっかけになる。そのためにも，年間を通した計画を立て，季節に合った教室環境づくりをすることが大切である。

(槇場政晴)

# 個に応じた指導

## 学習指導案の作成

**学習指導案の項目例**

日時・対象・授業者・場所
1. 単元（題材）名
2. 単元（題材）の目標
3. 単元の評価基準
4. 指導観（「単元（題材）観」「児童・生徒観」「教材観」）
5. 年間指導計画における位置づけ
6. 単元の指導計画と評価
7. 本時の授業
   ①本時の目標
   ②展示の展開
   ③配置図
   ④授業観察の視点

別紙
「単元（題材）に関する児童・生徒の実態と，本時の目標，手立て等」
（個人情報保護の観点により，別紙にて配布。回収されることが多い。）

　学習指導案は，授業を具体的に構想する設計図と言える。年間指導計画や個別の指導計画に基づき，どのような力を身に付けるために，どのような学習指導を行うのかを具体的に明記する。初任者研修などで，研究授業を行うために指導案を作成する機会が多くあるが，研究授業の実施は授業力を向上させる貴重な機会であり，指導案の作成は児童・生徒への思いを込めて丁寧に行いたい。

### 「単元設定の理由」の明確化と目標内容の精選

　指導案の作成に当たっては，まず「単元設定の理由」や「指導観」をしっかりと教師自身の「自分の言葉」で明記することを大切にしてほしい。「単元設定の理由」や「指導観」が明確にならないと，授業の「芯」がぶれてしまい，授業を振り返る時に「何をしたい授業だったのか」授業者自身が分からなくなってしまうことがある。学習指導要領や年間指導計画，児童・生徒の実態や支援者の願い等を踏まえ，教師自身の願いや思いもしっかりと込めて書きこんでほしい。「何がしたい授業なのか」の教師側の意図が明確になっていると，指導内容が精選される。指導意図が明確で指導内容が精選された授業は，児童・生徒にとっても「分かりやすい」授業となり，より高い学習成果が期待できる。また，目標が明確で活動内容が精選された授業は，評価もしやすく，次への課題も明確になりやすい。

（鈴木敏成）

## 教科等を合わせた指導①：生活単元学習

単元例：小学部2年

**水族館に行こう（校外学習を中心として学習を展開）**

単元計画

| レストランに行こう！ | 電車に乗ろう！ | 水族館に行こう！ | 水族館への校外学習 | 振り返り |
|---|---|---|---|---|
| ・食事のマナー<br>・歩行のマナー<br>・友達との校外での食事の経験 | ・校内でICカード利用を疑似体験<br>・実際に乗車体験 | ・校内に水族館を再現<br>・暗いスペースでの見学を疑似体験 | | |

【3つの小単元と実際の校外学習と事後の振り返りで単元を構成】

### ①生活単元学習とは

生活単元学習は，児童・生徒が生活上の目標を達成したり，課題を解決したりするために，一連の活動を組織的に経験することによって，自立的な生活に必要な事柄を実際的・総合的に学習する領域教科等を合わせた指導の一つの形態である。児童・生徒の実際の生活から発展して，自然な生活としてのまとまりのある活動となるように単元を構成する。

### ②行事を中心とした単元

気候のよい5月には，校外学習や運動会など児童・生徒が楽しみにしている行事が実施されることが多い。行事を中心とした生活単元学習では，行事という明確な活動の山場があるため活動の期待がもちやすく，魅力的な単元の展開が期待できる。単なる「事前・事後学習」にならないように，単元のねらいを明確にし，身に付けた力が生活に生かされるようにしたい。

### ③単元例　水族館に行こう

小学部2年生の水族館への校外学習を中心とした単元例である。レストランでの食事，公共交通機関の利用，水族館体験の3つの小単元を経験し，本番の校外学習に臨んだ。暗い水族館の空間を事前に体験したり，ICカードの利用方法を事前に学んだりしたことで，落ち着いて楽しく活動できた。

(鈴木敏成)

# 健康・安全の確保

## アレルギーへの配慮

| 食物アレルギー（あり・なし）<br>アナフィラキシー（あり・なし） | 病型・治療 | 学校生活上の留意点 | 【緊急時連絡先】 |
|---|---|---|---|
| | A. 食物アレルギー病型（食物アレルギーありの場合のみ記載）<br>1. 即時型<br>2. 口腔アレルギー症候群<br>3. 食物依存性運動誘発アナフィラキシー | A. 給食<br>1. 管理不要<br>2. 管理必要<br>2.「管理必要」な場合は、下記の項目にも記入<br>学校給食での食物アレルギー対応<br>1. 可能<br>2. 不可能<br>1. 可能の場合は、学校給食食物アレルギー対応指示書(指導表)への記入をお願いします。 | ★保護者<br>電話:<br>★連絡医療機関<br>医療機関名:<br>電話: |
| | B. アナフィラキシー病型（アナフィラキシーの既往ありの場合のみ記載）<br>1. 食物（原因　）<br>2. 食物依存性運動誘発アナフィラキシー<br>3. 運動誘発アナフィラキシー<br>4. 昆虫<br>5. 医薬品<br>6. その他（　） | B. 食物・食材を扱う授業・活動<br>1. 配慮不要<br>2. 保護者と相談し決定 | |
| | C. 原因食物・診断根拠　該当する食品の番号に○をし、かつ《　》内に診断根拠を記載<br>1. 鶏卵《　》<br>2. 牛乳・乳製品《　》<br>3. 小麦《　》<br>4. ソバ《　》<br>5. ピーナッツ《　》<br>6. 種実類・木の実類《　》（　）<br>7. 甲殻類（エビ・カニ）《　》<br>8. 果物類《　》（　）<br>9. 魚類《　》（　）<br>10. 肉類《　》（　）<br>11. その他1《　》（　）<br>12. その他2《　》（　）<br>［診断根拠］該当するもの全てを《　》内に記載<br>①明らかな症状の既往<br>②食物負荷試験陽性<br>③IgE抗体等検査結果陽性<br>④その他 | C. 運動（体育・部活動等）<br>1. 管理不要<br>2. 保護者と相談し決定<br>D. 宿泊を伴う校外活動<br>1. 配慮不要<br>2. 食事やイベントの際に配慮が必要<br>E. その他の配慮・管理事項（自由記載） | 記載日<br>年　月　日<br>医師名<br>㊞<br>医療機関名 |
| | D. 緊急時に備えた処方薬<br>1. 内服薬（抗ヒスタミン薬、ステロイド薬）<br>2. アドレナリン自己注射薬（「エピペン®」）<br>3. その他（　） | | |

| アレルギー性鼻炎（あり・なし） | 病型・治療 | 学校生活上の留意点 | 記載日<br>年　月　日 |
|---|---|---|---|
| | A. 病型<br>1. 通年性アレルギー性鼻炎<br>2. 季節性アレルギー性鼻炎（花粉症）<br>主な症状の時期：春、夏、秋、冬 | A. 屋外活動<br>1. 管理不要<br>2. 保護者と相談し決定 | 医師名<br>㊞ |
| | B. 治療<br>1. 抗ヒスタミン薬・抗アレルギー薬（内服）<br>2. 鼻噴霧用ステロイド薬<br>3. その他（　） | B. その他の配慮・管理事項（自由記載） | 医療機関名 |

学校生活管理指導表（アレルギー疾患用）の食物アレルギーの部分。他に，アレルギー性鼻炎，気管支喘息，アトピー性皮膚炎，アレルギー性結膜炎，緊急時連絡先について記入する箇所がある。

アレルギーとは，特定の原因物質（抗原）にさらされたり，触れたり，食べたり，吸い込んだりした場合に，身体に好ましくない免疫反応が引き起こされることである。代表的なアレルギー疾患として，花粉症や気管支喘息，アトピー性皮膚炎，食物アレルギーがある。くしゃみや鼻汁，目の充血やかゆみ，蕁麻疹や皮膚の赤み，ゼーゼーヒューヒューするような呼吸（喘鳴），腹痛や嘔吐等の症状を呈す。これらの症状の表れ方や程度，そして対応方法は個々によって異なる。アレルギーは，時として重篤な症状に陥り（アナフィラキシーという）命に関わることがあり，特別支援学校においては，児童・生徒が，症状を的確に表現できない可能性もあるため，学校生活管理指導表（アレルギー疾患用）（上図）を用いて，注意事項や配慮事項，緊急時の対応や連絡先等について，保護者，主治医，教職員で正確な情報を理解して共有しておくことが重要である。

食物アレルギーにおいて，特別支援学校に通う児童・生徒は誤食や誤飲といった事故に特に注意したい。給食や調理実習はもちろんのこと，校外学習や宿泊を伴う学習時にも配慮が必要である。校内にアドレナリン自己注射薬であるエピペンR（商品名）を処方されている児童・生徒が在籍する場合，養護教諭や栄養教諭と連携して使い方や保管場所を確認し，教職員の役割分担を明確にしておくとよい。

（木村真規子）

## 校内移動における安全指導

図1　階段的な支援の例

場所カードの活用

実際の移動の様子

　校内における移動では，危険防止という面において，危ないことや危険な場所について知るとともに，場所や状況に応じて適切な行動をとることが求められる。まず校内という児童・生徒にとって見通しがもちやすい場所で安全に歩行するための基本的なルールを身に付ける指導を行い，将来的に校外の移動でも安全に歩行する力を育てている。移動についての取組では，「友達や教師と一緒に移動する」「一人で目的地まで移動する」という二つの場面に分けられる。どちらの場面でも，走らないこと，前を見て歩くこと，階段はゆっくりと歩き，前の人を押さないことなどを指導している。教師や友達と一緒に移動する場面では，発達段階に応じて指導を仕組むことが大切である。図1のように段階的に支援を行い，将来的に適度な距離を保って一人ずつ列になって安全に歩くことを目指している。一人で目的地まで移動する場面は，場所カードの使用などで目的地が分かる支援を行うことや，途中で寄り道をせず目的地に向かう意識付けを行うことが大切である。そのため，小学部第1学年の早い段階から，靴箱から教室まで一人で向かう練習を始めている。教師は目的地までの距離や児童の実態に合わせて，始めは途中で待ち，次は目的地で待つなど，支援を変化させるようにしている。その後，教室からトイレや他教室へと一人で移動する場面を増やしていく。児童・生徒の安全に配慮し，他教師と連携を取り合ったり，学校内での共通認識を図ったりすることも大切である。

（上田裕子）

# キャリア教育と進路指導

## 「自分の長所を知る」授業

### 私の長所（一例）

| | |
|---|---|
| 得意なこと | 走ると速い　絵が上手い　パソコンに詳しい |
| 性格 | 明るい　まじめ　落ち着いている　社交的　慎重派 |
| 習慣 | きれい好き　几帳面　早起き　ジョギング |
| ものの考え方 | 前向き　動じない　楽観的 |
| 好み | 鉄道好き　音楽好き　スポーツ好き　将棋・囲碁好き |

　「自分の長所を知る」場面としては，学校生活全般を通しての活動や教科等の学習活動においても多々ある。その際には，児童・生徒一人一人が自分の良いところを認識できるように意図的に促す必要がある。特に特別支援学校の児童・生徒の場合，活動後に評価しても振り返ることが困難な場合があるため，上手にできたり，得意なことを新たに発見できたときは，その都度，価値付けたり認めてあげる必要がある。「君の良いところは〜〜だね」と，すぐに声かけをし，担任が認めて伝え返していくことが重要である。

　係活動や学習活動，行事等，様々な場面を通して，児童・生徒が各自，自分の得意なことや性格，習慣，ものの考え方，好みなどを自覚することができていくと，自分の良さを見つけることが増えていく。

　学期ごとの各自の目標を立てる際には，学期末に「できた・できなかった」という評価だけで終わりにせず，「このように取り組めたから，このようになった」など，どのように取り組んだかを振り返らせることで，自分の長所を見つけていくことができる。

　特別支援学校においては，自分の性格や気持ちの部分だけでなく，身体的機能や手指の巧緻性も踏まえて，自分の長所を知ることが重要である。学年が上がるごとにより多くの長所を加えていくことで，自分の良さを生かした進路を選択できるようになる。

（田村康二朗）

## 「他人の長所を知る」授業

### 「他人の長所」に気付けるようにする指導（一例）

| 学校生活 | 褒める観点例 |
|---|---|
| 朝の会 | 昨日の努力を褒める。 |
| 授業／1時間目 | 前向きの授業態度を褒める。 |
| 授業／2時間目 | 宿題の完成度の良さを褒める。 |
| 授業／3時間目 | 班の話し合いの進め方を褒める。 |
| 授業／4時間目 | 準備や片付けの良さを褒める。 |
| 給食の時間 | 友達が牛乳をこぼした時に率先して清掃したことを褒める。 |
| 係活動 | 休んだ同級生の分をカバーしてやっている様子を褒める。 |
| 掃除の時間 | 洗面所の隅々まで手を抜かずに磨いていたことを褒める。 |
| 帰りの会 | 今日一日で特に良かった点を褒める。 |

「他人の長所を知る」場面としては，はじめは意図的に設定する必要がある。なぜならば，他者のことまで，まだ興味をもつことや認識することが難しいからである。

学級やグループのみんなに，その子のできたことや上手に取り組めたことを伝える場面を設定する。まずは，他人の良いところに気づくために教師が伝えていくことが必要である。具体的には，以下のような場面が想定される。

①係活動を行った際に，それぞれの役割を果たし，できたことを伝える。
②各授業において学習活動を行った際に，取り組んだ内容や成果を伝える。
③朝の会や帰りの会に，よくできたことや上手に取り組めたことを伝える。
④友達との関わりの際に，「ありがとう・ごめんなさい」が言えたときに伝える。
⑤道徳の授業や特別活動の際に，友達の良いところを気付いて伝える。

次に，他人の良いところに気付くことが定着してきたら，友達同士で見付ける習慣を付けていく。「○○さんの良いところは，△△△だね」と，他者との関わりの中で意識したり，伝え合う活動を増やしていくことが重要である。

他人の長所を知ることで，他者との関わり方や自分の長所を知ることにもつながり，自分以外の人を認めることができ，さらには自分自身を認めることができるようになる。　（田村康二朗）

# 交流及び共同学習

## 交流校への事前訪問―理解推進授業の実施―

理解推進授業について

1. 事前授業
   - 交流1か月前に，小学校で実施
   - 授業者…特別支援学校コーディネーター，双方の担任
   - ねらい…対象となる児童及びその障害について知る。
   - 内　容…スライド等を使用し，特別支援学校や対象となる児童の生活の様子の紹介，アイマスクをつけて歩行をする等の疑似体験。
   - 留意点…障害の概要について話すが，交流前なので断定的な話をしない。対象児童の好きなことや得意なこと，苦手なことなどに触れる。

2. 事後授業
   - 交流1週間後に，小学校で実施
   - 授業者…特別支援学校コーディネーター，双方の担任，保護者
   - ねらい…障害があるということと，障害のある人が生活をしていくうえで何が必要かなどについて考える。
   - 内　容…交流を行ったあとの感想を述べあう中で，疑問に思ったことを質問する。対象児童の保護者からの話を聞く。
   - 留意点…児童が発言しながら自分で考えをまとめる。

アイマスクをつけての歩行体験

音声温度計の使用

触る地球儀の使用

　交流及び共同学習は，児童・生徒が他の学校の児童・生徒と理解し合うための絶好の機会であり，同じ地域に生きる仲間として，お互いを正しく理解し，共に助け合い，支え合って生きていくことの大切さを学ぶ場でもある。

　交流校への事前訪問で，特別支援学校の教師が，直接，小・中学校の児童・生徒に働きかける理解推進授業の実施は，障害についての理解を進め，その後の交流と学びを豊かにする効果がある。話をするだけでなく，視覚に訴えるスライド等を使用し，特別支援学校や対象となる児童の生活の様子を紹介したり，障害の特性について伝えたりする。さらに，アイマスクをしての歩行体験，具体的な教材教具の使用などは理解のために効果的である。

　また交流校への事後訪問で理解推進授業を行うことにより，児童・生徒の実体験に基づいた考えを整理する機会となり，感想を発表したり，疑問に思ったことを質問しあったりして，障害があるということ，障害のある人が生活する上で何が必要かということ，自分たちは何ができるのかということなど，より深い理解を推進していく。可能な範囲で，対象児童の保護者にも参加してもらい，話をしたり質問に答えていただいたりすることで，さらに理解を深めていくことにつながる。特別支援学校のセンター的機能の役割の面からも，交流するクラスだけでなく，学校全体の特別支援教育の理解推進にも寄与できるものにしていきたい。　　　　　（佐野貴仁）

## 特別支援教育コーディネーターとの連携

```
                          平成　年　月　日
保護者　　様
            県立〇〇　特別支援学校長〇〇

本校での交流及び共同学習への取組について

　埼玉県では，共生社会を目指した「多様な学びの
場」の充実を教育行政の重点に位置づけ，その推進
を図っています。障害のない児童・生徒に障害者に
対する差別や偏見といった心の障壁を取り除く『心
のバリアフリー』を育むとともに，障害のある児
童・生徒に『社会で自立できる自信と力』を育んで
いきます。その取組の1つとして，特別支援学校に
在籍する児童・生徒が，居住地にある小・中学校に
支援籍を置いて学習し，地域との繋がりを深めてい
ます。
　平成28年度は，下記のとおり実施することとい
たしました。つきましては，ご希望の状況を把握さ
せていただきます。別紙支援籍希望調書にご記入の
上，ご提出ください。

             記

1．目的　本校に在籍している児童・生徒が地域の
         小・中学校に支援籍を置くことにより，
         地域とのつながりを深め人間関係を形成
         する。児童・生徒がより大きな集団での
         学習を体験し，社会性を培う。

2．対象者　小学部：支援籍・居住地校交流の希望
           者
3．内　容
  A：主に居住地域の中での交流を目的とする場
     合：居住地の小・中学校での授業や行事に参
     加する。
  B：教科等の学習に参加することを目的とする場
     合：在籍校における学習に支障のない範囲で
     居住地の小・中学校における授業に参加する。

4．実施の手順
  ①希望調査書の提出
  ②本人保護者の意向の確認
  ③県教育委員会をとおして，市町村教育委員会に
    依頼
  ④支援籍校に依頼・打合わせ
    ・教育委員会や居住地校との連絡は，管理職及
      び特別支援教育コーディネーターを中心にと
      ります。
  ⑤支援籍・居住地校交流の実施
    ・初回は，担任又はコーディネーターが引率し
      ますが……

5．実施にあたっての方針
    ：
    （以下略）

※質問は随時受けますので，ご連絡ください。
          担当：本校コーディネーター〇〇・〇〇
```

　特別支援教育コーディネーターは，児童・生徒への適切な支援のために，関係機関や関係者間を連絡・調整し，協同的に対応できるようにするための役割として，全校において指名されている。特別支援教育コーディネーターの役割については，①学校内の関係者や関係機関との連絡・調整，②保護者に対する学校の窓口，③地域内の小中学校等への支援，④地域内の特別支援教育の核として関係機関との密接な連絡調整である。

　交流及び共同学習においても，保護者や両校をつなぐ学校の窓口として，担当者は，特別支援教育コーディネーターとの連携が欠かせない。その際，特別支援教育コーディネーターのもつ，児童・生徒のニーズに応じた教育を展開していく推進役としての専門性，各学校や関係者をつなぐ連携役としての専門性を十分活用していくことが必要である。

　上記のお知らせは，4月に交流及び共同学習について，特別支援学校の特別支援教育コーディネーターが作成したものである。そこから読み取れるように，県の施策や学校としての方針の説明，保護者への周知や希望のとりまとめ，相手校との連絡，引率など，管理職や担当者との連携のもと，進めていることが分かるであろう。

　交流及び共同学習は，計画的，組織的に進めることが大切であり，その重要な役割を担っているのが，特別支援教育コーディネーターである。

(佐野貴仁)

# 保護者・関係機関との連携

## 連絡帳の活用①

| 　　月　　日　　排便時間（　　　　　　）＊前夜も含む　体温（　　　　　） ||
|---|---|
| 家庭から | 学校から |
| 週末は家族で動物園へ行きました。お姉ちゃんが写真を撮っていたのですが、その時間もよく待っていました。本人はキリンが気に入り、よく見ていました。すばらしいです！ | 動物園、皆さんで楽しんだようでよかったですね！たくさんお出掛けができて、Aくんも嬉しかったと思いますよ！　体育は折り返し走を頑張りました。1番になりたかったようですが、今日は2番で悔しそうにしていました。今日をバネに次は1番をとってほしいです。 |
| 【朝食】食欲　有り・無し | 【給食】食欲　有り・無し |
| 【睡眠】（　　　　～　　　　） | 【排便】有り・無し（時間　　　　　） |
| 【提出物】 | 【下校方法】 |

連絡帳例

　子どもは、1日の大半の時間を学校で過ごしている。学校の中で新しくできるようになったことや、その日頑張った小さな成長の喜びを、保護者と共有できるのが連絡帳である。

　連絡帳には、時間割や学級通信などで既に伝えてある情報はあえて書かず、一歩踏み込んだ、子どもの思考や活動の様子を記入することが、保護者の心をつかむコツである。

　以下の例があげられる。

　国語・算数：どんな問題を解いたか。発言をしたか。どんな態度で授業に臨んだか。

　音楽：どの活動を1番張り切って行っていたか。選んだ楽器は何であったか。

　図工：どのような素材や、色を選んで作品を作ったのか。

　体育：何の競技で1番になれたか、苦手だけど取り組んだ活動はあったか。

　休み時間：誰とどのような遊びをして過ごしたか。

　給食：好きなおかずは何か。苦手だけど挑戦した物はあったか。

　また、保護者欄には、家庭で過ごす上でのちょっとした悩みや、子育ての苦労を書いてくる親もいる。そのような時に、励ましたりねぎらったりすることで、信頼関係が生まれる。また、適切なアドバイスを行うことで、学校と家庭の連携を図ることができる連絡帳となる。

（紺野理鼓）

## 学級通信の活用

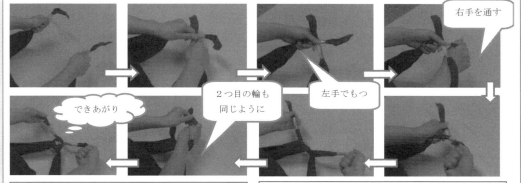

　どのような学級通信が保護者にとって親しみやすく，家庭との連携を図るものとして役立っていくのか。保護者が毎日の生活に役立つような学級通信の工夫を紹介する。

　まずは，学校で取り組んでいる学習内容の伝達と共有を行う。例えば，日常生活の指導で行う風呂敷の結び方について。言葉で説明したり，やり方を1，2度見せたりしても，正しい手順の方法が確認しにくいため，写真やイラストを載せることで，効果的に説明することができる。内容を家庭と共有することで，児童の「できる」「分かる」ことが増えていく。児童・生徒が自信をもって日常生活を送れることは，保護者も私たち教師も共通の願いであると感じている。

　また，学級目標を軸にして，集団として目指すものの伝達や，学級活動で取り組んでいること，季節や行事にちなんだ話題も保護者が読んでいて嬉しい情報である。

　さらに，忙しい日々を送っている保護者へのさりげない気配りとして，普段とは異なる予定（例えば下校時間の変更，特別時間割の際の持ち物など）も，忘れないように伝えていく。一目見れば，その日必要なことが書いてあるため，保護者も学級通信を頼りにして学校生活を送れるようになると考えている。

（紺野理鼓）

# 6月 学校内・外における豊かな学び

## 今月のTODO

**学級事務**
- 宿泊行事の準備
- 保護者会の準備

**環境づくり**
- 学習意欲を高めるための掲示
- 学級・学校図書の整理と活用

**個に応じた指導**
- 日常生活の指導①：食事・歯磨き
- 教科等を合わせた指導②：中学部作業学習

**健康・安全の確保**
- 校外学習における安全指導
- 交通安全指導

**キャリア教育と進路指導**
- 様々な仕事を知る：小・中学部
- 様々な仕事を知る：高等部

**交流及び共同学習**
- 障害に配慮した交流及び共同学習の事例①
- 地域行事への参加

**保護者・関係機関との連携**
- 支援会議の準備①
- 関係機関についての情報提供①

**その他**
- 人権研修（自己研鑽）の実施
- 特別支援教育コーディネーターとの連携

## 学校生活

　入学して約2か月，児童・生徒は，学校生活にも慣れ，運動会等の行事等を体験する中で，友達と協力する態度が培われてくる時期でもある。

　特に，学校外で実施する校外学習や遠足，さらに，移動教室や修学旅行などの宿泊を伴う行事は，児童・生徒も楽しみにしている行事であり，日常とは違う場において様々なことを集団で体験し，子ども同士の関わりが深まることが期待される。

　なお，特別支援学校における学校行事では，各学級の児童・生徒数が，小・中学校と比較して少ないことから，他の学級や学年と合併するなどして，集団規模の調整を図り，少人数からくる様々な制約を解消して，活発な集団活動が行われるようにする必要がある。

　そのため，学級担任は，他の学級の担任と連携し，望ましい集団の構成や活動内容・方法の工夫に努めなければならない。

## 学級経営の勘所

● 学習意欲を高める学級の環境整備

学級担任は，学級の環境整備をすることにより，児童・生徒が安心して，意欲的に学べるように留意する必要がある。整理・整頓されていることはもちろんであるが，学級内の掲示等については，児童・生徒の学びや成長の様子が確認できるようにすることが大切である。

　具体的には，学習の成果である掲示物を児童・生徒が実際に見合えるようにしたり，児童・生徒の興味・関心のある図書を整えたりすることが挙げられる。

　なお，児童・生徒の学習の成果としての作品については，丁寧できれいに掲示することにより，大切に扱われていることを児童・生徒及び保護者が感じ，より一層，安心して落ち着いた雰囲気での学習が促進される。

### ● 障害のある児童・生徒に対する安全教育

　学級担任は，児童・生徒の障害の種類や程度を踏まえ，実態に即した安全な学習環境を整備し，児童・生徒自身が安全な行動をとれるように日頃から指導することが重要である。

　実際の指導では，「危険防止」や「交通安全」などが取り扱われる。具体的な内容として，危ない場所を知る，道具の正しい使い方を知る，安全に気をつけながら移動する，信号や標識の意味を知ることなどが挙げられる。なお，学校は児童・生徒にとって身近な社会である。

　そのため，学校の廊下等にある表示等を活用して指導することは非常に有効と言えよう。

##  仕事の勘所

### ● 教師としての人権感覚の再確認

　特別支援学校の学級担任は，児童・生徒一人一人を大切した教育を行うため，常に人権を意識した対応が求められる。そのため，児童・生徒や保護者等との関係性が構築されてくるこの時期に，改めて自分自身の人権感覚を振り返ることは重要である。

　具体的な振り返りの観点としては，児童・生徒との関わりの中での不用意な言葉掛け，プライバシーに関わる資料や写真等の掲示，連絡帳や学級通信等における誤解を招く表現（特定の職業に対する偏見や差別意識を助長するような表現等），個人が特定できる研究資料や学習指導案等の作成等が挙げられる。教師が人権感覚を高めることにより，児童・生徒及び保護者とのよりよい関係が築け，児童・生徒の豊かな学びにつながるのである。

### ● 特別支援教育コーディネーターと連携した支援会議の準備

　児童・生徒の学校生活や地域生活を豊かにするためには，関係機関と連携した支援の実施は必要不可欠である。そのため，特別支援学校では，定期的に個別の教育支援計画に基づき，関係機関との支援会議を実施している。なお，支援会議の開催に当たっては，関係機関との調整等を特別支援教育コーディネーターが行うため，学級担任は，支援会議実施の目的や内容，学校における支援やその成果等について，事前に十分な打ち合せを行う必要がある。

　このような機会を通じて若手の教師は，特別支援教育コーディネーターから各関係機関や福祉制度等について学び，自身の専門性の向上に努めることが大切である。

（緒方直彦）

# 学級事務

## 宿泊行事の準備―実地踏査―

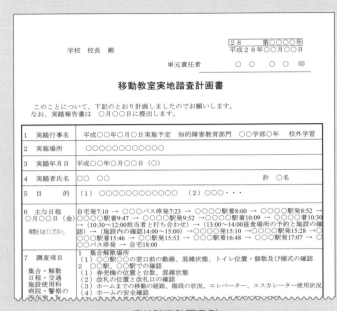

実地踏査計画書例

　宿泊行事の担当者となった場合は，昨年度までの行事の反省を踏まえて，本年度の宿泊行事の細案を作るために，実地踏査を行う。担当者は，実地踏査計画書に実施案を添付し，少なくとも実施の1か月前までに起案を行う。

　実地踏査では下記項目を最低限チェックする。実施の場所や内容によって追加する項目もあるので，効率よく実地踏査を行う方法を考える必要がある。

①料金：宿泊料金，乗車料金，入場料金，駐車場料金（バス）　等
②駅：集合場所の目印・広さ・動線，エレベーター，車椅子の対応　等
③宿舎：宿泊する部屋，浴室，ベランダ，階段，食事場所，緊急避難場所　等
④乗り物：季節による運行の状況，ホーム及びバス停等の広さ，身障者及び車椅子対応　等
⑤見学先：見学ルートと注意事項，昼食場所，緊急時の対応，雨天時の対応　等
⑥移動：歩く時間と距離，道路の交通量・状況，危険な場所，休憩場所，トイレ　等
⑦医療機関：診療日と時間，移送に要する時間　等
⑧自然：山，海，川の状況，津波・増水時の非難経路，アスレチックの様子　等

　実地踏査の結果を踏まえて，本年度の実施要項を作成し，学年や学部主任，当該学年の教師と安全な実施に向けて，細案の共通理解を図り準備を進める。

（原島広樹）

## 保護者会の準備―1学期末―

　1学期末の保護者会は，どのように学級がまとまったのか，児童・生徒同士の関係ができてきたのか伝えることが重要である。

　児童・生徒が新しい学年での生活が始まった時の様子，そして，学習をどのように進めていったのか，1学期を終える時期になって学級がどのような雰囲気なのかを一つのポイントとして保護者に伝えられるようにまとめておくことが必要である。保護者は，児童・生徒の学校での変化を知ることができる。また，1学期に運動会や校外学習といった行事があった場合は，その時の様子を通して，児童・生徒同士の関わり方などについてもまとめておくとよい。

　そして，今学期の家庭での様子などについて保護者一人一人からの話を聞ける時間を保護会に設定しておき，保護者同士が話をできるように進行を考えておく必要がある。保護者同士の対話が円滑に行えるようになると，学級経営の円滑化にもつながるからである。

　1学期末は夏季休業期間の目前であるため，保護者へ長い休みに入る前の注意事項なども伝えていくことになる。生活指導部の教師や学年主任にも確認して，長期休業期間中の留意点や学校への連絡体制，絵日記等宿題等も配布資料とできるように準備しておくことも必要である。

（原島広樹）

# 環境づくり

## 学習意欲を高めるための掲示

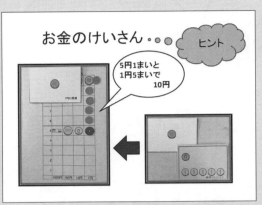

お金の学習をしたときに掲示

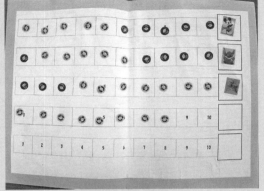

課題一つで小さなシール1枚，
10枚貯めたら大きなシールがもらえる

　人は，新しいことを発見した時やできたと感じた時にやる気がわいてくる。そして，先生や友達に「できたね」「すごいね」と褒められたり，認められたりした時に頑張ろうという意欲がわいてくるものである。そこで，学習意欲を高めるため，教室背面を子どもたちが見て，考え，話し合う場として設計することが大切である。子どもたちの作品やノートの掲示を効率よくするとともに，子どもたちが学習や遊びを通して発見したことや疑問に感じたことを自由に掲示するコーナーをつくって自由にやりとりできるような環境づくりをしたい。また，既習の学習が十分習得できていない子どものために，学習内容のポイントや問題の解き方などを図やイラストを取り入れて掲示すると，学習に対する苦手意識を軽減することができる。

　一方，文具や提出物などを忘れずに提出することを意識付けるために，宿題や提出物の忘れ物チェック表を教室前方の黒板に掲示してある教室を見かけることがある。教室前方の黒板は，皆がいつも注目する場所である。そのため，忘れ物をするといつも皆に見られ，一日中嫌な思いをしてしまう。場合によっては，忘れ物の掲示が日常になってしまい，この表の存在意味が薄れてしまうこともある。そこで，忘れ物チェック表は，意識付けをさせたい時だけ見せるようにし，どんなに遅れても提出できたら「出せたね」と認め，次は早く出すよう約束し，励ましてから記入事項を消すようにすると効果的に活用できる。

(槇場政晴)

## 学級・学校図書の整理と活用

図書委員の本の紹介

机の上に本棚をのせると
車いすでアクセスしやすい

　紙媒体，タブレット型 PC，パソコンを比較すると，「紙媒体は他に比べて読みやすく理解しやすいが，飽きやすい」という調査結果がある［赤堀侃司（2012）『デジタルデバイスは紙に勝てるか』教育情報研究，VOL.28，No.3，pp.43-50］。

　ICT 機器の普及で学校にいろいろな情報機器が導入されているが，まだまだ子どもたちが学習する媒体として本は欠かせない。紙媒体の情報に飽きないよう，子どもたちが本に親しみ，自ら本を読もうとする環境を整備していくことは大切なことだろう。

　そのため，いつでも本を手に取ることができる学級文庫に気を配り，読書の導入としたい。子どもたちが興味を示しやすい本を手に取りやすいように設置し，分かりやすい分類と興味を引く掲示をすることが大切である。学級文庫の本は，学校司書教諭と相談をして定期的に入れ替え，本に対する子どもの興味関心を高める工夫が必要である。また，朝の会や終わりの会などの時間に担任のおすすめの本を読み聞かせすることも，本への興味をもたせるきっかけとなる。このような準備をした上で，学校図書館を利用する計画を立てると効果的な読書の時間をつくることができる。学校図書館は，図書館司書教諭を中心に本の配置計画を立てることが必要である。おすすめ本コーナーの設置や本のタイトルが分かりやすいよう掲示することも大切である。また，図書係の子どもたちがお気に入りの本を紹介するコーナーを設置することも図書館利用の促進に役立つので活用したい。

（槇場政晴）

# 個に応じた指導

## 日常生活の指導①：食事・歯磨き

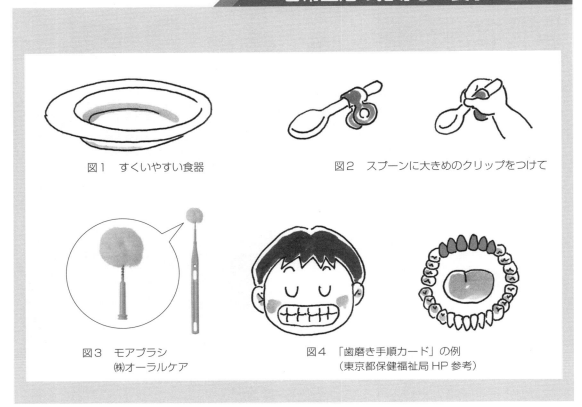

図1　すくいやすい食器

図2　スプーンに大きめのクリップをつけて

図3　モアブラシ　㈱オーラルケア

図4　「歯磨き手順カード」の例　（東京都保健福祉局HP参考）

　健康に過ごすために日々の食事と歯磨きは大切であるが，指導の際，感覚への配慮が必要である。強い偏食がある場合，口腔内の感覚過敏や，そのため生じた摂食機能の未発達がベースにあることも多いが，「食べられるものがごく少ない」「ペーストしか食べられない」場合でも，大きな成長が見られているので，専門家の助言等を得ながら，あせらずあきらめず，きめ細かに進めていきたい。

　「食事は楽しく」を基本にしつつ，マナーの指導も年齢に応じて積み重ねたい。口に詰め込む児童・生徒は，一口量の調整が未熟で，目の前にあると次々口に入れようとするため，食べ物を少しずつ取り分け，口の中がなくなってからひとさじずつ食べるという練習をしたい。スプーンでこぼしてしまう場合は，すくいやすい食器（図1）を使用するとよい。握り持ちから3点持ちに変えることが難しい場合，市販のクリップをつけることで持ちやすくなる（図2）。箸の練習は，学習の中で少し行っておくと，食事の際のストレスになりにくい。自分で食べきれるようになったら，配膳や片づけ，食事マナーの指導に重点を置きたい。歯磨きを嫌がる場合は，顔周辺を触る指導から始めるとよい。モアブラシ（図3）を使い口腔内のケアを行うと感覚過敏の改善にも効果的である。自分磨きの際は，絵による手順カードを見ながら行うとよい。東京都保健福祉局HPなどで入手できる（図4）。

（鈴木敏成）

## 教科等を合わせた指導②：中学部作業学習

### 作業学習　リサイクル班　作業工程（牛乳パックを再利用した和紙作り）

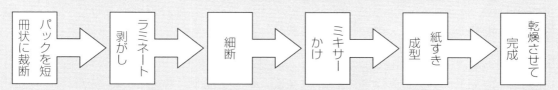

パックを短冊状に裁断 → ラミネート剥がし → 細断 → ミキサーかけ → 成型　紙すき → 乾燥させて完成

### 細断工程での補助具の活用

溝に沿って切っていくことで，はじめと終わりが明確になり，自分で作業を進められる

### ①作業学習とは

　作業学習は，中学部，高等部において行われる教科等を合わせた指導の形態である。作業学習では，作業活動を学習の中心としながら生徒の働く意欲を培い，将来の職業生活や社会自立に必要な事項を総合的に学習する。

### ②中学部の作業学習

　将来仕事をすることを想定して，働くための基礎となる力を中学部段階ではしっかりと身に付けたい。自分が作った（栽培した）ものが製品になり，お客様に買ってもらう一連の流れを具体的に経験することで，働くことの意味を理解できるようにしていく。また，製品を作ることの楽しさを味わったり，お客様に喜んでもらったりすることを通じて，仕事が楽しいと思える気持ちを育てたい。作業工程を丁寧に分析し，補助具等を活用しながら，生徒が自分の力で「できた」ことを実感できるように授業を構成することが大切である。

### ③授業例

　牛乳パックを再利用した紙工作業である。生徒が担当した仕事を自分の力でやり遂げられるように，補助具を工夫している。「自分でできた」と思える経験を積み重ね，任された仕事をやりきる力を身に付けられるようにしている。

（鈴木敏成）

# 健康・安全の確保

## 校外学習における安全指導

### 実地踏査の際の確認事項

○活動場所（危険な箇所，活動場所の広さ，集合・待機場所，トイレの状態等）
○経路（経路の選択，スロープの有無，交通量等）
○移動方法（徒歩〈車いす使用〉，借り上げバス，公共交通機関等）
○時期的な配慮（暑さ・寒さ対策，他の行事との兼ね合い等）
○トラブル発生時の対応（雨天時，児童・生徒不明時の緊急体制，怪我や病気，発作，関係機関との連携等）

### 児童・生徒への指導の流れの一例

[事前学習]　　　　　　　　　　　　　　　　　　　　　　[活動途中・事後学習]

①活動への見通しをもつことができるようにする。　②公共の場でのマナーや約束の確認をする。　③活動や移動の仕方等の模擬体験をする。　④写真に撮る等して評価をする。

　安全に校外学習を行うためには，事前に実地踏査を行い，細部まで丁寧に確認しておくことが必要である。活動場所や経路，移動方法，時期的な配慮はもちろん，トラブル発生時にどのように対応・連携をしていくかということも考えておかなければならない。そのためには，できるだけ一人ではなく，複数の教師の目で，実際に現地に足を運び，様々な箇所の確認をしておくと，多面的に細かく見ることができ，活動イメージの共有化も図りやすい。他学年，他学部も含め学校全体で情報共有を図り，不安要素を解消して，万全な状態で校外学習に臨む体制を作っておくことが大切である。実地踏査の後，確認してきたことを踏まえ，児童・生徒に安全指導を行っていく。特別な支援を必要とする児童・生徒が，校外でも学校と同じように活動ができるかといえば，そうではないことが多い。どんな場所に行くのか，どうやって行くのか，どのようなことをするのか，どんなことに気を付ける必要があるか（マナーや約束）等，様々な不安要素を解消していくことが，安心して安全に校外で活動できるということにつながっていく。そのため，事前学習や模擬体験等も丁寧に行う必要がある。そして，当日の活動の様子をしっかり評価し，できたという自信や喜び，次の活動への意欲につながるようにしていく。

　児童・生徒が将来，地域社会で生活を送っていくことを見据え，校外でも安全に活動に臨むことができるよう，長い視点で見た指導・支援を行っていくことが望まれる。　　　（井手本修司）

# 交通安全指導

| 自転車チェック表 | 月　日　年　組名前 | |
|---|---|---|
| | ライトは明るく点灯するか | |
| | 車輪の取り付けナットにゆるみがないか | |
| | クイックレリーズレバーにゆるみがないか | |
| | ペダルにがたつきやゆがみがないか | |
| ブレーキ | ブレーキは前後ともよくきくか | |
| | ブレーキのゆるみがないか | |
| | ワイヤーの伸びがないか | |
| | ワイヤーがはずれていないか | |
| タイヤ | タイヤに十分空気が入っているか | |
| | タイヤはすり減っていないか | |
| | 石、釘等が刺さっていないか | |
| | マフラーやひも等が車輪にからまりそうになっていないか | |
| 反射材 | 反射材は正常に取り付けてあるか | |
| | 反射材は汚れたり壊れたりしていないか | |
| 車体 | 車体（フレーム）に亀裂がないか | |
| | 車体（フレーム）にサビがないか | |
| | ハンドル周辺にがたつきがないか | |
| | サドルがぐらついていないか | |
| | サドルは両脚先が地面に届く高さ | |
| | チェーンがたるんでいないか | |
| | チェーンが減っていないか | |
| | チェーンがサビついていないか | |
| | 自転車を使用中に異常な音がしないか | |
| | ＊カゴや荷台にぐらつきや破損はないか | |
| ベル | ベルやブザーはよく鳴るか | |

　ここでは，自転車通学について触れたい。私の勤務校の高等部では毎年，各学年数名程度の生徒が自転車通学をしている。

　まず，自転車通学希望者には対人賠償のある保険への加入と自転車通学申請書の提出および自転車許可制度講習会への出席を義務付けている。

　自転車許可制度講習会は，6月頃実施し，警察署の交通課から講師を招き，交通ルールや自転車の安全な乗り方について指導を受けている。スタントマンの迫真の演技による自転車事故の再現ドラマを視聴することにより，生徒にとってとても効果的な講習となっている。また，自転車の点検の仕方については，点検の合言葉「ぶたはしゃべる」をもとに作成したプレゼンテーションの教材を利用したクイズ形式で，生徒が積極的に参加できる講習を行っている。

　自転車の点検の講習後，自分の自転車をチェックさせ，生徒のチェックをもとに教師が一人一人の自転車をチェックしている。その結果，生徒が自分で直すことができるものは教師が直し方を指導し，学校で直すことができないものは専門店で修理してもらうように指導している。

　安全な自転車通学のために大切な交通ルールの順守，自転車の正しい乗り方，自転車の整備に対する意識付けに取り組んでいる。

（松本政則）

# キャリア教育と進路指導

## 様々な仕事を知る：小・中学部

**様々な仕事を知るためのヒント**

| 分野 | 仕事の種類や内容 |
|---|---|
| 家庭生活 | 衣類を買う・洗濯する・干す・畳む仕事<br>食料を買い物する・食事を作る・片付ける仕事<br>掃除をする・ゴミを収集に出す仕事<br>子供を育てる仕事<br>家計を支える仕事（お給料を貰う為に働く事） |
| 学校生活 | 教師／子供を教える仕事<br>事務職員／学校の事務（例：給食費・教材費）を行う仕事<br>栄養士・調理師／美味しく安全な給食の献立を作る仕事<br>用務員／校内の清掃，修理をする仕事<br>スクールバス乗務員／学校に児童・生徒を送迎する仕事 |
| 学校周辺 | 交番・消防署・薬局・ガソリンスタンド・スーパー・商店　他／身近な地域で人々の暮らしを支えるための様々な仕事 |
| 社会見学 | 動物園・水族館・水道局・防災センター・発電所／人々の生活を支えたり，豊かにしたりするための様々な仕事 |
| 修学旅行 | ホテル／お客様をおもてなしするための様々な仕事 |
| 現場実習 | 機械（部品）製造業・食品製造業・サービス業・飲食業・事務／世の中の生活を支え，より豊かにするための様々な仕事 |

　様々な仕事を知ることに早期から取り組むことが重要である。

　小学部の低学年のうちは，学校内の身近な人たちがどのような仕事をしているか知ることから始める。掃除をしている人，給食を作る人，事務をしている人，スクールバスを動かしている人など，学校探検をしながら見つけていく活動も一つである。

　高学年になると，学校外に広げ，地域の中には様々な工場や会社，お店などの仕事場を知るとともに，人々の暮らしや生き方があることを学んでいくことが大事になる。

　中学部では，実際にその仕事を見学したり，体験するだけでなく，イラストで示されている職業カードのような教材で，より多くの仕事を知る学習へ展開していく必要がある。

　職業名や実際の仕事のイラスト，仕事内容，仕事の場所など，特徴を示したカードを活用し，児童・生徒の興味を広げていく。さらに，様々な仕事の種類を知るだけでなく，自分がやってみたい仕事を意識できるように促していくことも大事である。

　小学部の段階では，自分にできる仕事，できない仕事で分けるのではなく，やってみたい仕事をたくさん見つけることが重要である。中学部の段階では，それぞれの仕事の特徴を学び，その仕事をするために必要なことを見つけていく。段階を踏まえつつ，自分の得意なことや好きなことから，やりたい仕事を少しずつ意識できるようになるとよい。

（田村康二朗）

## 様々な仕事を知る：高等部

### 様々な仕事を知るためのヒント

**求められる特性の例**

几帳面さ　真面目さ　勤勉さ　明るさ
社交性　正確性　独創性　清潔感　責任感
体力　理解力　継続力　企画力　表現力　探究力　瞬発力

**仕事に応じた必要とされる特性の例**

| 職業（例） | 求められる特性 |
| --- | --- |
| パン製造業 | 朝が早く出勤できる。清潔感がある。 |
| 部品製造業 | 機械の使い方を覚えて扱える。安全に注意できる。 |
| パソコン入力業 | パソコンに慣れている。キーボードが使える。 |
| 飲食サービス業 | 挨拶が明るくきちんとできる。清潔感がある。 |

高等部では，「職業」として意識していく取組が必要になってくる。

まずは，自分の得意な（好きな）タイプ別に職業を分類していく。例えば，以下の6種類のように想定して分類してみる。

①企画をしたり，チームを動かすことが好きなタイプ。
②人に接したり，人に尽くすことが好きなタイプ。
③音楽や美術，文芸，ものづくりなどの活動が好きなタイプ。
④決まった方法や規則にしたがって行動することが好きなタイプ。
⑤機械や物を扱うことが好きなタイプ。
⑥研究や調査をすることが好きなタイプ。

様々な職業のタイプ別に，自分に合った職業とはどんなものがあるのかまとめていく。

次に，その職業に就くために必要な勉強や資格，技術はどのようなものか調べて，準備していく必要がある。より具体的に自分で，どのような準備をしていくのか計画的に取り組み，少しずつ，自己実現できるようにしていくことが重要になってくる。

実際に，卒業後に自分が働いている姿や進学している姿をイメージしながら，様々な職業を学んでいくことが大事である。

(田村康二朗)

# 交流及び共同学習

**障害に配慮した交流及び共同学習の事例①：小・中学部**

交流及び共同学習　年間計画　（○○特別支援学校小学部，○○小学校4年1組）

|  | 第1回 | 第2回 | 第3回 | 第4回 | 第5回 |
|---|---|---|---|---|---|
| 日程 | 6月○日 | 9月○日 | 11月○日 | 12月○日 | 1月○日 |
| 会場 | 特別支援学校 | 特別支援学校 | 特別支援学校 | 小学校 | 小学校 |
| 目標 | ・自分のグループを知り，ダンスや遊具で遊ぶ | ・グループの友達を意識して，ダンスやゲームをしたり遊具で遊んだりする | ・グループの友達と関わりながら，ダンスやゲームをしたり遊具で遊んだりする | ・グループの友達と関わりながら，小学校で計画した活動に取り組む | ・グループの友達との関わりを増やしながら，小学校で計画した活動に取り組む |
| 主な活動 | ・はじめの会<br>・グループの紹介<br>・ダンス<br>・自由に遊ぶ活動 | ・ダンス<br>・ゲーム<br>・自由に遊ぶ活動 | ・ダンス<br>・ゲーム<br>・自由に遊ぶ活動<br>・給食 | ・小学校で考えた活動<br>・給食 | ・小学校で考えた活動<br>・プレゼント交換<br>・終わりの会 |
| 備考 | グループの写真を撮影し，カードを作成，掲示する | ビデオレターを作成して送り，お互いに見合う | 交流後，小学校で4回，5回の計画を作成する |  | ※それぞれの回に，保護者が引率として参加をする |

　障害のある児童・生徒の自立や社会参加に向けた主体的な取組を支援するという視点に立ち，交流及び共同学習を進めていくことが大切である。しかしながら，障害の特性等により，初めての場所や人，活動に向かうことに困難さを感じる児童・生徒がいる。上の表は，知的障害特別支援学校と小学校との交流計画である。前年度の到達点や今年度の児童の実態等から，以下のことを大切にして，活動に取り組んだ。

①友達との関わりが深められるように，グループでの活動を中心にする（特別支援学校の児童1名と小学校の児童3名のグループ）。

②年間を通して友達を意識できるように，交流会を3回から5回にする。

③1～3回は，特別支援学校の児童が安心して取り組める特別支援学校で行い，まずは友達を知る，仲良くなることをねらいとする。4～5回目は，小学校を会場として，小学校の児童が話し合って企画を行う。

④保護者が引率として同行し，交流及び共同学習の意義について理解する機会とする。

　このような障害の状況を配慮した計画のもと，児童が他の学校の児童と関わることを楽しみにするとともに，相手のことを考えながら行動するということの大切さを学ぶよい機会となった。お互いの児童の笑顔が活動の充実を物語っていた。

（佐野貴仁）

## 地域行事への参加

地域運動会や音楽祭への参加

知的障害特別支援学校の作業班で作った製品の販売

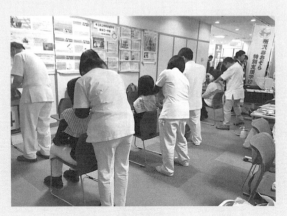
視覚障害特別支援学校のマッサージ

作業学習で作った木工や窯業などの製品

　学校が児童・生徒を育てていくには，学校だけではなく家庭や地域の人々とともに育てていくという視点をもち，家庭や地域社会との連携を積極的に深め，児童・生徒の学習や生活の充実と活性化を図ることが大切である。そのためには，教育活動の計画や実施の際には，家庭や地域の人々に積極的に情報提供をして協力を依頼し，児童・生徒にとって生活に結び付く大切な学習の場である地域の教育資源や学習環境を活用していくことが必要となる。地域の様々な人々と活動をともにする機会を増やしていくことを通して，児童・生徒の生活の場となる地域の人々に，児童・生徒の障害の状態や特性等について，理解してもらうという効果もある。

　そのような視点で地域を見ると，参加できる地域の行事がたくさんある。地域運動会や駅伝大会，音楽会や作品展，お祭りやバザー等，児童・生徒の実態と教育効果を踏まえて参加する行事を決めていく。その際，各特別支援学校の特徴を生かした参加の仕方（例えば作業学習で作った木工や窯業など製品の販売，専攻科の生徒によるマッサージの提供等）を工夫することで，より学校への理解を推進することができる。行事への参加を新たに考えていく時には，まずは，教師が地域の行事に参加をして，関係を作りながら，児童・生徒の実態から，どのような参加の仕方であれば，児童・生徒にとって参加しやすいのかを探るという方法もある。積極的に学校施設を地域に開き，地域と共同で行事を開催することも有効である。

（佐野貴仁）

# 保護者・関係機関との連携

## 支援会議の準備①

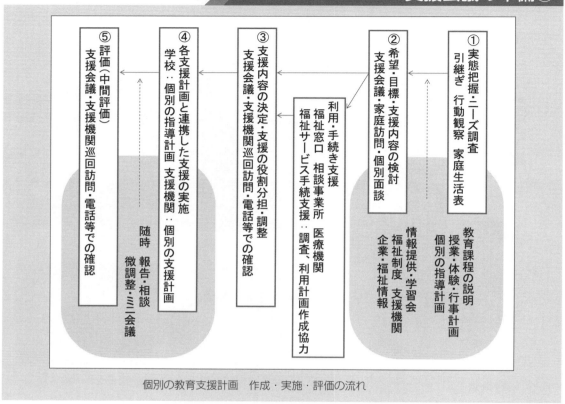

個別の教育支援計画　作成・実施・評価の流れ

　支援会議の実施目的をまず明確にしたい。個別の教育支援計画は，作成（案）・実施・評価の段階がある。作成（案）の段階は，夢や希望の実現に向けて理想的な支援者や支援を検討する段階である。支援機関が具体化したら，支援機関と役割・調整を行い，実行力のある実施計画となる。最後に評価（中間評価）を行う段階となる。それぞれの段階で支援会議を行うことが考えられる。目的の確認が必要である。

　また，支援会議開催にあたり，目的に応じ，支援会議の参加者や場所，日程を決める。具体的にはコーディネーターが調整を行うため，担任は，目的・内容をしっかり伝え，連携を図っておくことが大事である。また，事前に児童・生徒のできることや課題，支援を個別の指導計画や授業担当者から聞き取り，把握しておき，確実にできる力，有効な支援はまとめておくと他の支援機関に活用されやすい。

　このように準備をしても，支援会議に全員集まることができない場合もある。その場合，不参加の方から事前に意見を聞いておく，資料を作成してもらうなど，事前の準備，打ち合わせが必要となる。

（菊地直樹）

## 関係機関についての情報提供①―福祉制度に関して―

### 福祉サービスの概要一覧

**くらしの支援**
- 居宅介護（ホームヘルプ）
- 短期入所（ショートステイ）
- 障害児入所施設
- 施設入所支援
- 自立訓練（生活訓練　通勤寮）
- 共同生活援助（グループホーム）

**余暇・地域活動支援**
- 移動支援（ガイドヘルプ）
- 行動援護
- 放課後等デイサービス
- 地域活動支援センター

**通所支援**
- 児童発達支援
- 保育所等訪問支援
- 生活介護（卒業後）
- 就労移行支援（卒業後）
- 就労継続支援Ａ型・Ｂ型（卒業後）

**相談支援**
- 基本相談支援
- 計画相談支援・障害児相談支援
- 理解促進研修・啓発
- 自発的活動支援
- 成年後見制度利用支援
- 意思疎通支援

　福祉の情報提供は，進路指導部やPTAが計画的に実施している学校が多い。保護者へ予定を伝え参加を促し，地域で利用できる支援，手続き方法，連携方法などの理解を図りたい。

### (1)事業説明会・見学会
　各事業所を学校に招き，福祉サービスや利用者の様子を紹介してもらう。通所施設やグループホームは，実際に見学することで理解が深まる。

### (2)講演会（利用者・卒業生の保護者の話を聞く会）
　福祉サービスを利用している児童・生徒または卒業生の保護者から，利用している子どもの様子や，支援の引き継ぎの工夫，よりよい関係づくり，手続きなど講演してもらい学ぶ。

### (3)地域別懇談会
　福祉サービスは，地域によって異なる。そこで，市区町村ごとに福祉課，または，相談事業所の方を講師に地域の福祉サービスの話を聞く。

### (4)進路学習会・通信発行
　進路指導部や専門家を講師に，福祉制度，療育手帳，障害基礎年金，成年後見制度など講演会や学習会を行う。また，情報提供したことは進路だよりでも紹介する。

（菊地直樹）

# 7月 8月 学習のまとめと規則正しい生活

## 今月のTODO

**学級事務**
- 出席簿の管理
- 学級経営計画の評価・見直し①

**環境づくり**
- 夏を感じる掲示
- 障害の特性に応じた環境整備

**個に応じた指導**
- 個別の指導計画の評価①
- 個に応じた教材開発

**健康・安全の確保**
- 夏休みの過ごし方
- 暑い時の運動と水分補給

**キャリア教育と進路指導**
- 余暇の過ごし方：中学部
- 余暇の過ごし方：高等部

**保護者・関係機関との連携**
- 支援会議の実施：小・中学部
- 支援会議の実施：高等部

**その他**
- 研修会への参加
- 生活指導部と連動した取組

## 学校生活

　一般に1学期のまとめを行ったり，夏休みに向けて，改めて基本的な生活習慣や手伝いを含む家庭等での役割に関する指導を行ったりする時期である。

　そのため，学級活動やホームルーム活動において，係活動や年度当初に立てた児童・生徒の学習や学校生活に関する目標について，児童・生徒同士で振り返るとともに，成果や成長を確認しあう活動等が行われる。

　また，季節としては，本格的な夏が到来し，熱中症や食中毒等の危険性が高まるため，児童・生徒の健康面においても十分な配慮が必要な時期でもあり，学級担任は，日常的な健康観察により一層の注意を注ぐことが求められる。

## 学級経営の勘所

### 学級経営計画の見直し

　学級経営計画を含め，作成された各種計画は，定期的に形成的な評価を行い，課題等があれば修正し，修正点に関しては保護者へ十分な説明をしなければならない。学級担任がこのよう

な取組を丁寧に行うことは，保護者から信頼を得ることにつながり学級経営の充実を図ることができる。なお，特別支援学校では，複数の教員で学級担任を担っていることも多いことから，評価に当たっては十分な話し合いをもち，共通理解をした上で実際の指導に生かせるようにすることが重要である。また，評価に当たっては，児童・生徒の様子や学級担任による振り返りだけでなく，各種行事等における保護者等からのアンケート結果や保護者会・連絡帳等から得られた保護者の意見，他の教師からの意見や情報，管理職からの助言等，様々な視点から情報収集し，多面的な分析に基づいて評価し，具体的な改善策を立てることが大切である。

### ● 個別の指導計画の評価

年度当初に作成した個別の指導計画に基づき，児童・生徒の成長等を的確に評価するとともに，短期目標や手立て等についても再度見直すことが必要である。なお，児童・生徒の評価や目標を再設定するに当たっては，基準等を設けるなどして，頻度や回数等の客観的な内容を踏まえるとともに，「時々できる」「だいたいできる」等のあいまいな表現は避けることが基本である。また，指導方法や手立てに対する評価は，重要な内容である。学級担任は，特に効果的な指導や手立てについては明確にし，次年度の担任間の引き継ぎを見据え，確実に伝わるようにしておくことが求められる。

##  仕事の勘所

### ● 専門性向上を図る教材研究・教材開発

当然ながら学級担任は，教科等の指導も担当している。教師として，常に学習指導に関する専門性の向上に努めなければならない。なぜなら，学級経営の充実のために努力し，保護者の信頼を得ようとしても，日頃から児童・生徒一人一人の実態に応じた専門性の高い学習指導を行っていなければ，保護者の信頼は得られないからである。そのため，この時期に各学校の研修や教育委員会等が実施する研修会に積極的に参加するなどして，自己研鑽を図ることが必要である。新学期，円滑な学習指導のスタートを切るためにも，夏季休業中に９月からの学習指導で使用する教材研究・教材開発を十分に行うことが極めて重要である。

### ● 生活指導部と連動した取組

夏休みに向けた生活指導に関しては，学校としての考え方等について保護者に十分に理解してもらうことが重要となる。そのため，各学校では，この時期に生活指導部を中心にして，「夏休み中の過ごし方」や特に高等部の生徒に対しては，「SNSの活用の注意点」等，基本的な生活習慣や児童・生徒の健全育成に関する資料や注意喚起を図る文書等を配布している。

学級担任は，そのような資料や文書等を単に保護者に配布するだけでなく，保護者会のテーマとして意見交換や情報収集を行ったり，学級通信等で同様の内容を取り上げたりすることで，学校と家庭が連携した取組の充実を図るよう努めることが重要である。

（緒方直彦）

# 学級事務

## 出席簿の管理―管理職への提示―

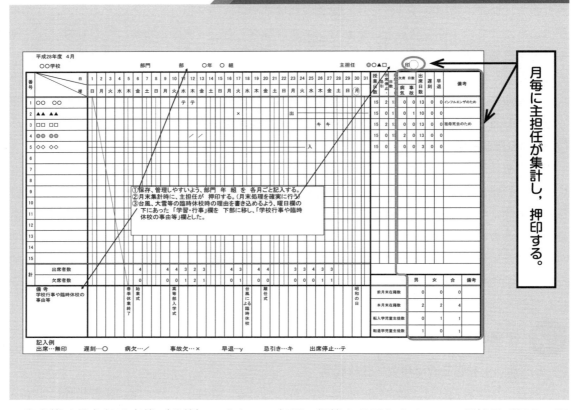

　出席簿は備え付け表簿（公簿）であり，5年間の保管を必要とするので，保管及び記入に際しては，十分注意をする。

　出席簿は，年度初めに認定学級ごとに作成し，管理職に確認を得る。出席簿は職員室の所定の場所に保管し，毎日，児童・生徒の出席状況を決められた記号で記入する。

　出席…無印　遅刻…○　病欠…／　事故欠…×　早退…y　忌引き…キ　出席停止…テ

　月末には当月の出席状況を個人別にまとめ，主担任が押印する。学期末には月ごとの個人別の出席状況をまとめて確認し，通知表に転記する。

　長期休業期間中には教務主任が出席簿を整理し管理職に提出するので，教務部からの指示に従い出席状況をまとめる。

| 授業日数 | 出席停止・忌引 | 欠席すべき日数 | 欠席日数 | | 出席日数 | 遅刻 | 早退 | 備考 |
|---|---|---|---|---|---|---|---|---|
| | | | 病気 | 事故 | | | | |
| 15 | 2 | 13 | 0 | 0 | 13 | 0 | 0 | インフルエンザのため |
| 15 | 0 | 11 | 0 | 1 | 10 | 0 | 0 | |
| 15 | 2 | 13 | 0 | 0 | 13 | 0 | 0 | 祖母死去のため |
| 15 | 0 | 15 | 2 | 0 | 13 | 0 | 0 | |
| 15 | 0 | 3 | 0 | 0 | 3 | 0 | 0 | |

| | 男 | 女 | 合 | 備考 |
|---|---|---|---|---|
| 前月末在籍数 | 0 | 0 | 0 | |
| 本月末在籍数 | 2 | 2 | 4 | |
| 転入学児童生徒数 | 0 | 1 | 1 | |
| 転退学児童生徒数 | 1 | 0 | 1 | |

月毎のまとめ欄

　また，長期欠席者がいる場合には，対応について学年主任，学部主任と相談し，夏季休業中の働きかけを管理職に報告する。

（原島広樹）

## 学級経営計画の評価・見直し①

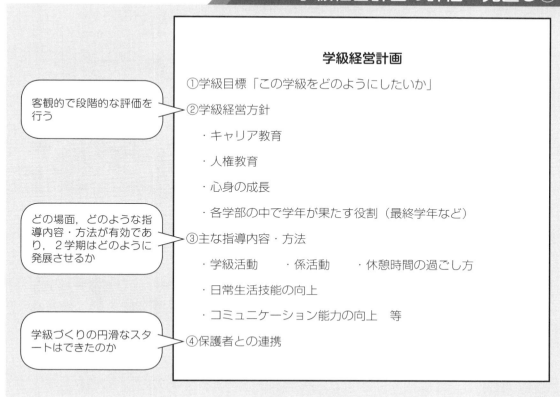

担任は，学級経営計画を学期ごとに評価し，見直す必要がある。1学期末が第1回目の見直しとなり，学年初めに作成した学級経営計画が児童・生徒の実態に合っていたのかを評価することになる。複数担任の学級であれば，長期休業期間の時間の中で話し合いをもち，項目ごとの達成度を確かめて，加筆訂正をすることが重要である。

例えば，②学級経営方針にキャリア教育の視点で「朝の挨拶を徹底する」と記入してあるとする。この場合，何も言葉かけをしなくともできる児童・生徒の人数，促してできる児童・生徒の人数，介助してできる児童・生徒の人数を考えて客観的に評価する。そして，どの場面の③指導内容・方法が成果を上げたのか，上げなかったのかを考える。学級経営方針にある項目をどこまで，何人ができたのかと段階的な評価をすることできる。例えば，促してできる児童・生徒が増えたのであれば，言葉をかけて促す以外の援助を減らした指導方法を考えていく。2学期のさらなる児童・生徒の成長を目指し，学級づくりの短期目標を考えて加筆訂正していかなければならない。

また，④保護者との連携についても，連絡帳等でのやり取りや1学期末の保護者会の成果を踏まえて，担任として学級目標の達成に向けた関係が築けているかを評価し，さらなる連携強化に向けて見直しておきたい。

(原島広樹)

# 環境づくり

## 夏を感じる掲示

クラスの皆が乗った汽車の背景を春から夏をイメージするものに変更し，夏を演出した例

子どもたちが見つけた夏

　夏を迎える頃になると，子どもたちは新しい学年やクラスの友達にも慣れ，学習や遊びなど活発に活動をしている時期である。日課にも慣れ，安心して授業を受けられるようになっているのではないだろうか。そこで，春に立てた季節の掲示計画に基づいて，季節が夏に変わったことを意識させるため，夏の掲示を行うことにする。春の記事では，仲間づくりを進めるというテーマを取り上げたが，この掲示の場合は，クラスの子どもたちが乗った列車などの台紙の装飾だけを夏をイメージするものに変える。このように，装飾の一部を変えるだけで教室の雰囲気は変わり，気分も変えることができるので大がかりな装飾は考えなくてよいだろう。

　春に行った「春を探そう」に続き，「夏を探そう」というテーマで子どもたちに夏をイメージするものを探させ，「夏を発見」などの掲示コーナーをつくり，見つけたものを掲示すると夏を演出できるとともに子どもたち自慢のコーナーができあがる。子どもたちの発見と気温の変化を合わせるとさらに季節の移り変わりが見えてくるのではないだろうか。また，6月になるとプールなどの夏の行事が始まる。カレンダーや行事予定表にそれぞれの行事をイメージするイラストを掲示して，子どもたちの期待感を高めることも行いたい。イラストは，文字の習得を課題とする子どもにとって行事の内容を知るため手がかりとなるので，シンボルなどと同様に積極的に活用したい。

（槇場政晴）

## 障害の特性に応じた環境整備―構造化―

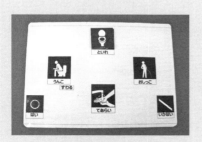

シンボルを用いた排泄指導のためのコミュニケーションボード（シンボルボード）

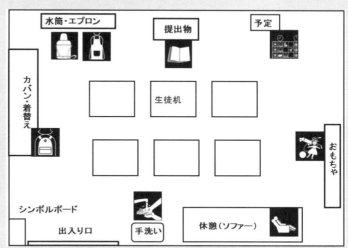

教室の配置を工夫すると構造化された使いやすい教室になる

　教室の環境整備における「構造化」とは，どこに何があるのか分かりやすく整理し，使いやすい配置や掲示をすることをいう。ここで心がけたいのが，特別な子どもだけの教室づくりではなく，クラスの子どもたち全員が使いやすいと感じるユニバーサルデザインを意識した教室の環境整備をするということである。教室の構造によって制限があるが，子どもたちの動線を考え，個人のものや皆で使う文具や図書などを置く場所を決め，それぞれに名前や簡単な使い方や片付け方のルールを掲示する。自分の場所と共有の場所の区別を明確にし，その使い方やルールを示しておくと持ち物に関するトラブルを事前に防ぐことができ，クラスの共有品をいつでも使いやすい状態にしておくことができる。図で示した教室は，肢体不自由と知的障害のある子どもの教室である。教室の入り口には，排泄についてのシンボルボードがある。カバン，水筒，連絡帳を所定の場所に置くと登校時の日課が終わるようになっている。課題をやり遂げ，時計回りに進むとおもちゃがあり，それをもって休憩スペースまで行き，朝の会の時間まで過ごせるよう考えた教室の構造化の例である。一方，見通しがもちにくい子どもの場合，一番前だと友達が何をしているのか分かりにくいので，横や後ろが気になってしまう。2列目くらいに配置すると周囲の様子が把握しやすくなる。子どもによっては，見やすい方向や聞きやすい方向があるので，丁寧な実態把握を基に座席配置の計画も立てたい。

（槇場政晴）

# 個に応じた指導

## 個別の指導計画の評価①

### Aくんの1学期の個別の指導計画（高等部2年）

**短期目標（1学期）**
・「○○が、終わりました」など、状況や気持ちなどを正しい言葉で伝えることができる。
・書くことのできる漢字を増やし、文章の中に書くことができる。

**指導内容**
・状況に応じた正しい言葉の使い方
・身近な漢字の読み書き

**手立て配慮事項**
・ロールプレイなど実際の状況に近い学習を多く取り入れる。

**1学期の評価**
・「○○ができました。次は○○します。」などのように、丁寧な言葉での報告が、担任に対してできるようになってきました。慣れない人や場面でも正しい言葉が使えるようになると、さらによくなります。
・「曜日・天気・仕事」など、日誌でよく使われる漢字の読み書きができるようになってきました。少し自信がなくても、文章の中で漢字を使うようにしましょう。

「個別の指導計画」では、長期目標（1年間）と短期目標（前後期、学期ごと）が設定されることにより、段階的で具体的な目標の設定が可能となる。学期ごとに短期目標が設定される場合には、1学期末に1回目の学習成果の評価を保護者や本人へ提示することとなる。1学期の学習の成果はどうだったのか、目標に照らして成果と課題を端的に表記し、2学期以降の学習意欲の向上につなげられれば、担任教師への保護者の信頼は一層強くなる。学期末（もしくは前期末）の学習成果の評価に当たっては、特に以下の点に留意したい。

### ①短期目標に対して具体的に評価する

目標をどのように達成できたのか、量的・質的両面から評価する。何をどのくらい、どのように、どの程度できるようになったかなど、より具体的に記述する。評価を具体的にするためには、目標が具体的であることが前提となる。目標があいまいな場合には、評価もあいまいだったり、目標と評価内容に一貫性がなかったりして、適切な評価にならないので注意したい。

### ②本人、保護者に伝わりやすい表記をする

目標に対して、どのような学習の成果だったか、次の課題はどのようなことかを、分かりやすい言葉を選んで表記する。記入できる字数が限られている場合が多いが、単なる様子の表記にならないように配慮したい。

（鈴木敏成）

## 個に応じた教材開発

個に応じた教材開発例（小学部）
- 身近な素材を用いて作成
- 操作することで学ぶ教材

【ボタンを穴にはめる教材】
着替えにつながる

【集合数と指の巧緻性の教材】
固めの洗濯バサミを使い、つまむ力を高める

【色属性と指先の巧緻性】
小さいクリップを使用し指先の巧緻性を高める

　学びの充実を図るためには，障害の状態や特性を踏まえた教材を効果的に活用し，適切な指導を行うことが必要である。夏季休業中には，教材づくりについての様々な研修会が開催されている。また，校内には教材づくりに長けている先輩教師もいるので，休業中にノウハウを伝授してもらい，2学期以降の授業で活用したい。

①ICT教材の活用

　スマートフォンやタブレット端末の利用が，障害のある人々の生活を豊かにするツールとして活用されている。学校でも，言葉での意思表示が難しい生徒がスマートフォンのアプリを活用して意思表示をするなど様々な形で活用が広がっている。タブレット端末などを活用した教材は，家庭や地域生活でも活用しやすく，進路先にも引き継ぎやすい。生活の幅を広げる観点から，特に高等部段階では積極的に活用したい。

②具体物教材の活用

　障害のある児童・生徒にとっては実際に操作することにより学ぶことが多い。具体物を用いた教材は，実際に操作をすることにより「できた」という実感をもちやすい。先輩教師たちが開発した「手づくり教材」を参考に，児童・生徒のことをよく知る教師だからこそ作れる教材をぜひ開発してほしい。

（鈴木敏成）

# 健康・安全の確保

## 夏休みの過ごし方

図1　夏休み帳
夏休みの目標，お手伝い，計画表，日記，保護者のひと言欄などがある。

図2　歯みがきカレンダー

**夏休み前の生活指導で行いたいこと（例）**
○出掛けるときには→「帽子」「タオル」「水筒」
○食事では→「冷たいものの取り過ぎ注意」
　　　　　　「食事は3回」「朝食はパワーのもと」
○生活リズム→「早寝早起き」「家の手伝い」

　40日余りの休みを経て生活のリズムを崩してしまったり，環境の変化への適応ができなかったりして，2学期を心身が不安定な状態で迎える児童・生徒は少なくない。その課題を少しでも和らげ，家庭と学校をつなぐ取組を二つ紹介する。

### ①夏休み帳（図1）の活用

　児童・生徒の実態に合わせて活用しやすい内容，文字の大きさ，文字の種類，イラスト等を工夫する。基本的な生活習慣が整うような工夫（起床，就寝時間）を加えたり，写真欄を設けたりするなど夏休みの様子が分かるような内容の工夫もできる。
　「夏休み前の生活指導で行いたいこと」も加えると，家庭での生活の中でも話題にしやすく，夏休み後も振り返りに活用することができる。

### ②歯みがきカレンダー（図2）の活用

　児童・生徒にとって毎日続けられ，健康の維持につながるものとして歯磨きの取組が挙げられる。1学期の学校での学習が反映されやすく，家庭でも継続しやすい取組である。1日1回歯磨きをすれば，そのマスを色塗りしたり，シールを貼ったりする。2学期に持ってきた児童・生徒には表彰状を渡すなど期待感が膨らむ取組である。また，夏休みを利用して歯科治療を進めるきっかけにもなると思われる。

（川上清彦）

## 暑い時の運動と水分補給

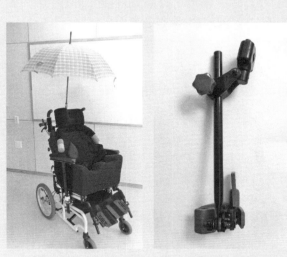
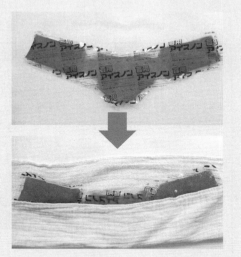

図1 車椅子にジョイントした傘（左）と取り付け器具（右）

図2 冷却グッズをタオルで包んで生徒の首に巻く

　暑い時期（5月〜10月）には脱水症や熱射病の防止のため，児童・生徒に水筒と帽子の持参を促している。運動の前に教室でしっかりと水分補給をし，暑さへの適応の一つである発汗の準備をしておくことが大切である。

　運動会・体育祭の時期は長時間の屋外での活動もあり得る。その際は水筒をグラウンドに持って行き，休憩時間に水分補給をする。また，テントや校舎の陰を利用して，休憩時の日除けスペースを確保することが大切である。

　夏に限ったことではないが，体を動かす学習においては，児童・生徒の動きや表情を常に観察すること，さらに朝の健康観察を丁寧に行っておくことも大切である。また，冬季よりは運動量の調節の必要があるだろう。

　体温調節が困難な児童・生徒については，別の手立てが必要となる。車椅子に傘を設置したり（図1），冷却グッズ（図2）を首や腋下に当てたり，グラウンドに近い冷房の効いた教室を待機や休憩場所として準備したりする。

　最後に，天気予報や暑さ指数（WBGT値）など，その日の気温や湿度などにも目を向け，よりよい環境の中で安全に運動ができるようにしていきたい。

（川上清彦）

# キャリア教育と進路指導

## 余暇の過ごし方：中学部

### 自立の第一歩 「自分で過ごせる時間を増やそう！」

**保護者へのアドバイスの視点（例）**

☆家庭内で自分で過ごせる時間を持てるようにしていきましょう
・一人で過ごせる時間を増やしていくことを少しずつ（例：自分の部屋やコーナー）

☆自分で過ごせる場を増やしていきましょう
・家と学校以外の場で過ごすことを少しずつ（例：デイケアサービス，習い事）

☆人との関わりを広げていけるようにしていきましょう
・親と先生に頼らないで過ごせる経験を少しずつ（例：TVゲーム，DVD，本）
・親と先生以外の人と過ごせる経験も少しずつ（例：デイケアサービス，習い事）

**《ステップアップのイメージ》**

| 観点 | ステップアップの例 | | | |
|---|---|---|---|---|
| 時間 | 10分 → | 30分 → | 1時間 → | 2時間 |
| 場所 | 家 → | 公園 → | 図書館 → | 障害者センター |
| 人との関わり | 家族と → | 一人で → | 友達と → | 多人数と |

　学校から下校した後の余暇の過ごし方では，放課後デイサービス等の場所でも，自宅でも，まずは，自分の好きなことや興味のあるものを広げていき，自分で楽しめることを増やしていくことが大事である。誰かと一緒でないと余暇の時間を過ごせないよりは，少しずつ大人になっていくにつれ，自分一人でも過ごせるようになることが必要になってくる。

　そのためには，自分だけの余暇の時間をどのように過ごしていくのか，自分の興味のあるものや夢中になれるものを増やし，自分なりに工夫して取り組めるものをたくさん見つけておくことが重要になる。

　特に，休日の過ごし方では，日頃，経験できないことや行ってみたい，やってみたいことにチャレンジしてみることもよい機会になる。いろいろなものを見たり，聴いたり，トライしてみることで，興味や好きなことが広がり，新たな発見が生じる可能性もある。

　中学生ならば，学校と自宅等の日頃慣れた生活環境から行動範囲を広げるという意味でも，家族の協力や支援を得ながら，公共交通機関を利用しつつ，様々な場所へ出かけてみることも余暇の広がりにつながる。さらには，家族以外の人と出かけられるようになることも自立への一歩になる。家族以外の他者と楽しく過ごせることを家族や支援者と十分，相談しながら準備しておくことも大切である。

（田村康二朗）

# 余暇の過ごし方：高等部

**高等部生徒の余暇の過ごし方（例）**

| 場　面 | 余暇の過ごし方（例） |
|---|---|
| 家庭生活 | ・TVやDVDを見たり，音楽を聴いたりして過ごせる。<br>・本・絵本を読んだり，TVゲームをしたりして過ごせる。<br>・料理をして過ごせる。<br>・トランプやボードゲーム等を家族として過ごせる。 |
| 放課後 | ・デイケアサービスで過ごせる。<br>・障害者スポーツセンターの水泳教室に通える。<br>・習い事に通える。<br>・図書館に行って本を読んだり，本を借りたりできる。 |
| 休日等 | ・部活動に参加して過ごせる。<br>・演劇サークルに参加して過ごせる。<br>・卒業生向けの公開講座に参加して過ごせる。<br>・友達と映画を観に行ったり，ショッピングに行ったりできる。 |
| 夏休み<br>冬休み<br>春休み | ・学校のプール開放や水泳教室に参加して過ごせる。<br>・サマーキャンプに参加して過ごせる。<br>・計画を立てた上で，行きたい所（例：鉄道博物館）に行って来れる。 |

　高等部においては，学校を卒業した後の生活も想定しながら余暇の時間を過ごしていくことが重要になってくる。卒業後は，大学等へ進学したり，就職したり，様々であるが，自分だけの余暇の時間を充実させることができると，より生活力を高めていくことができる。

　高等部段階での余暇の過ごし方を広げることができると，卒業後の進路選択の幅を広げることにもなる。自分の興味のあるものや得意なものをたくさん見つけながら，それらを生かしつつ，進路選択ができるとよい。

　そのためには，例えば，自分が利用できる福祉サービスを調べたり，実際に自分で移動支援サービス等を活用し，外出してみることができるとよい。自分のやりたいことや出かけてみたいことを実現していくために，どのような支援が必要で，どのようなことを準備しておくべきかを調べるだけでも，余暇の使い方が変わってくる。

　特に，高等部のうちに家族以外の人と，自分の好きなことに取り組めたり，好きな場所へ出かけられるようになると，卒業後の社会参加の幅が広がり，余暇の時間をより充実させることができる。長期休業日に入る前に，どのようなことにチャレンジしてみるのか等，長期休業中の過ごし方を計画する活動も取り入れると，生徒自身も余暇の過ごし方に見通しや意欲をもつことができ，自己実現に向けた取組ができるようになる。

（田村康二朗）

# 保護者・関係機関との連携

## 支援会議の実施：小・中学部

**支援会議資料（例）**

| | ○年○組　△・△　　男 | ○年×組　□・□　　女 |
|---|---|---|
| 児童・生徒の状況 | ※児童・生徒の様子，状態，健康面等を詳しく | （例）自閉症　他害あり。廊下ですれ違う人に叩く蹴るなどする。行動を抑制するとパニックをおこす。 |
| 周知したいこと | ※発作時の対応，行動の特徴と対応，保護者，関係機関との関わりと留意点等 | （例）てんかん発作あり。発作時は，その場に横にして声をかける。その後，保健室等で眠れるように環境を整える。<br>（例）保護者への連絡は，連絡帳だけでなく電話で直接話す必要あり。<br>放課後は，○×デイサービスを利用。 |
| 教師の願い | ※こうなってほしいという児童・生徒像 | （例）落ち着いて学校生活を送ってほしい。友達に優しく接し，仲良く過ごせるようになってほしい。 |

　1学期も終わり，学校生活を送る中で，大部分の児童・生徒は様々なきまりや約束を覚え落ち着きが見られる。しかし，なかなか学校に慣れず見通しをもって学習に取り組むことの難しい児童・生徒も気になり始める時期である。そんな気になる児童・生徒について，担任の教師が一人で悩まず，学校の教師全員で実態を共有し，対応について話し合う場が支援会議である。

　学校によって，会議の位置付けや回数等は異なるが，「支援会議」や「ケース会議」と呼ばれ，気になる児童・生徒について一人一人のケースを丁寧に説明し情報の共有をする。内容としては，現在の児童・生徒の実態と対応，それに対する児童・生徒の態度，保護者との関わり，関係機関とのつながり等，一覧表にまとめて資料を作成する（上の表を参照）。その際，保護者との面談等で聞き取った保護者の願いや児童の家庭での様子なども情報として入れておくと，同じようなケースを経験した同僚からのアドバイスを受けやすい。また，昨今の学校現場では，アレルギー対応等の必要な児童・生徒も多いため，アレルギー対応を含む医療関連についての情報共有も忘れずに行うことも大切である。スライド等で，顔写真を写しだすとさらに理解が深まるだろう。頻繁に学年会でケース会を行うと，小さな変化に気づくこともできる。児童・生徒，その保護者の「困り感」を解消できる支援の方法を見つけられる支援会議を充実させていくことは，学校全体の課題である。

（岩本真奈）

## 支援会議の実施：高等部

| 支援会議の流れ（例） | 課題解決支援会議の流れ（例） |
|---|---|
| 1　自己紹介<br>2　個人情報の取り扱いの確認<br>3　主旨説明<br>　①本人から希望や必要な支援を発表<br>　②保護者・担任から補足<br>4　各支援機関からの支援提案<br>5　役割確認・支援調整<br>6　具体的支援の確認<br>　・学校・保護者からコミュニケーション等の支援内容・方法の情報提供<br>7　課題整理<br>8　次回（中間評価）の確認<br>　・時期，内容，参加者，場所の確認<br>　・相談・連絡方法の確認<br>9　感想（チーム全員から） | 1　自己紹介<br>2　個人情報の取り扱いの確認<br>3　情報の共有<br>　①本人や支援者から課題の報告<br>　②主訴を絞り込む<br>　　・課題のポイントを共有<br>4　解決方法の選定<br>　①課題の特定化<br>　　・主訴課題の要因（仮説）を検討<br>　　・明確なこと，不明なことの整理<br>　②役割分担・調整<br>　　・支援の５Ｗ１Ｈを決め分担・実行<br>5　次回（中間評価）の確認<br>　　・時期，内容，参加者，場所の確認<br>　　・相談・連絡方法の確認<br>6　感想（チーム全員から） |

　支援会議は個に応じて実施する。一人一人実施の有無，時期，内容は異なる。高等部では卒業後のくらし，仕事（日中活動），余暇を想定した支援利用を計画的に進めることが大事である。

### ①個別の教育支援計画（案）作成段階の支援会議

　個別の教育支援計画（案）作成では，生徒の希望の実現に向けての学校や相談支援機関から支援を紹介し理想の計画を作成する。この段階はニーズを掘り起こすことも大事である。

### ②個別の教育支援計画　実施段階の支援会議

　具体的にガイドヘルプやショートステイなどの利用が決まったら，生徒の希望に対し支援を具体化する。コミュニケーション支援等，共通の支援方法の共有化を図る。ショートステイなどを利用する場合，下校時にショートステイすることもある。そのつなぎの確認を行う。

### ③評価の支援会議

　支援を実施した後，評価し，改善を図る。生徒自身に良かったこと，うまくいかなかったことなど報告してもらい，次に，各支援機関からの評価を聞く。それぞれの専門分野からの評価は，他の機関にも参考となり，チーム力のアップにもつながる。

　評価を総括し，次のステップの確認と次回の評価日を決め，支援会議を終える。

（菊地直樹）

# 9月 児童・生徒の安全の確保

## 今月のTODO

**学級事務**
- 転出入の手続き
- 予算の執行及び編成

**環境づくり**
- 児童・生徒の目標設定
- 夏休みの様子の掲示

**個に応じた指導**
- 教科等を合わせた指導③：生活単元学習
- 日常生活の指導②：着脱

**健康・安全の確保**
- 避難訓練：地震
- 避難訓練：火災

**キャリア教育と進路指導**
- 職場見学の実施：中・高等部
- 現場実習の実施：高等部

**保護者・関係機関との連携**
- 引き渡し訓練における保護者との連携
- 進路指導面談の実施①：高等部

**その他**
- 職場見学・現場実習の振り返り

 **学校生活**

　9月は長期休業が終わり，多くの学校は，改めて学期のスタートにあたる月である。
　児童・生徒は，家庭等での生活から久しぶりの学校生活となるため，生活リズムを整えることが必要なケースもあることに留意する必要がある。また，9月1日は「防災の日」であるため，各学校で様々な災害の状況を設定した避難訓練や保護者への引き渡し訓練が実施される。学級担任は，改めて，防災に関する指導や学級における安全に配慮した環境整備に取り組むことが重要である。また，高等部では，自立と社会参加を目指した産業現場における実習（以下，「現場実習」と言う）等が行われる時期でもあり，特に高等部3年生は，進路先を決定する現場実習等が始まる。学級担任には，児童・生徒が自信をもって現場実習に臨めるよう指導・支援することが求められる。

 **学級経営の勘所**

○ **学級担任による危機管理**

　学級担任は，児童・生徒が安全に学校での学習等に取り組めるよう，事故等の未然防止に努

める必要がある。事故を未然に防止するための視点としては，ハサミやカッター等の教材・教具の適切な管理，使用している教室の施設・設備の瑕疵の有無等が挙げられる。学校においては，「教室環境チェック表」を作成し，定期的に点検をしている例もある。さらに，万が一，負傷等の事故が発生した場合には，各学校で定めてある危機管理マニュアル等に基づき，管理職の指示の下，落ち着いて適切な対応をするとともに，事後の対応として，事故発生の原因を明確にし，再発防止策を立てて学級経営に反映させることが重要である。なお，学級担任は，受傷した児童・生徒やその保護者に対して誠実に対応することを忘れてはならない。

### ● 将来を見据えた進路指導の実施

　特別活動における学級活動やホームルーム活動では，働くことの意義の理解や望ましい勤労観・職業観の形成，主体的な進路の選択と将来設計など，進路指導に関する内容を扱うこととなっている。そのため，学級担任は，学級活動等での指導において，児童・生徒一人一人が職場見学や現場実習での体験を通して感じたことや，今後の目標とすること等について，友達と話し合ったり，発表したりする機会を計画的に設ける必要がある。また，特別支援学校では，将来，児童・生徒が自立と社会参加をするための教育を行っており，特に学級担任は，そのことを意識した指導を日頃から心がけることが重要である。

##  仕事の勘所

### ● 防災意識等を高める避難訓練の実施

年間を通じて実施される避難訓練やこの時期に実施される保護者への引き渡し訓練等は，児童・生徒や保護者の防災意識を高めるとともに，学級担任が，実際の発災状況で適切に児童・生徒の安全を確保するために，自分自身の役割や学校としての対応方法を確認する機会でもある。

　特に，非常災害時における保護者との連絡方法については，学校と家庭とが相互に確認する必要がある。現在，災害時の緊急連絡の方法として，電話連絡だけでなく，メール配信システムなどを活用している学校も少なくない。確実に学校から正確な情報を保護者に出せるよう，一人一人の教師が操作方法等について確認しておくことが重要である。

### ● 進路に関する面談における教師の基本姿勢

　保護者は，小学部入学時から，子どもの高等部卒業後の進路について，期待や不安を抱きながらも強い関心をもっている。学級担任は，進路指導主事等と連携しながら進路指導を行うにあたり，定期的に本人や保護者と進路に関する面談を行い，その内容を進路指導の計画等に反映させることが重要である。面談を行う際の基本姿勢として，①本人・保護者の希望をまずは十分に聴く，②相手が必要としている情報を把握し，正確な情報提供に努める，③本人の意見や希望を最大限尊重する，④性急に結論を出さないようにする（結論を押しつけない）等が挙げられる。

（緒方直彦）

# 学級事務

## 転出入の手続き

### 転入出があったら

手続き

引き継ぎ

諸帳簿

出勤簿
指導要録
学級名簿
提出物管理表
など

教室環境

メールボックス
ロッカー
下駄箱
など

児童・生徒の転出入があった場合は，教育相談部の教師と連携して「就学相談の手引き」等に従って必要書類を整えていくが，担任としては以下のような学級事務がある。

### ①引き継ぎ事務

児童・生徒の転出入先の担任と情報のやり取りを行う。必要に応じて面談も行い，当該児童・生徒の個別の指導計画に反映させていく必要がある。

### ②出席簿の加筆・修正

転入生については，出席簿の児童・生徒名欄の後尾に追記し，転入日に黒で「入」と記入し，それ以前は黒で横線を引く。転出生については，転出日に黒で「出」と記入し，それ以降の欄は黒で横線を引く。

### ③指導要録の作成・修正

転入生については，新たに指導要録を作成する。転出児童・生徒については，転学年月日の欄に転学先が受け入れた前日の日を記載する。

### ④その他学級の人数や名前で管理しているものの修正

学級名簿，提出物管理表，メールボックス，ロッカー，下駄箱，緊急連絡網，スクールバスの座席や名簿などがある。

(原島広樹)

## 予算の執行及び編成

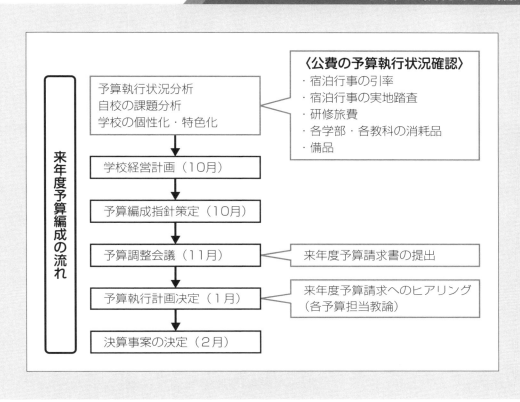

　9月は，来年度の予算編成に向けての事務手続きが進められていく時期である。予算編成の流れは上記のとおりである。そのため，本年度の予算執行状況を確認し，自校の課題や個性化・特色化と合わせて，校長は来年度の学校経営計画を作成していく。

　2学期は学校行事も多い時期である。特に，宿泊校外学習の本年度の予算執行が予定通り進められているかを学年の会計担当と確認することが必要となる。また，各学部や各教科の消耗品，備品についても2学期の授業内容に対しての充足度を確認し，来年度の予算請求書作成の資料とする必要がある。

　来年度の学校経営計画案を受けて予算編成指針の策定が10月に行われ，11月初旬には全体に周知される。11月末には各学部・各教科の予算担当教諭は予算請求書を作成し，提出することとなる。予算担当教諭は，あらかじめこのスケジュールを理解しておく必要がある。

　12月からは予算請求集計に基づき，予算担当者，事務室（経営企画室）担当者と副校長とで予算要望調整のためのヒアリングが行われる。ここでは，各教科，分掌，学部からの予算請求の必要順位に基づく調整が行われ，次年度の学校経営計画の達成に向けた予算案が1月には決定していく。

（原島広樹）

# 環境づくり

## 児童・生徒の目標設定

めざす学校像
〜明るく，強く，清らかに，生き抜く力を培う学校〜
（I特別支援学校）

学校教育目標の例

3-6 明るく楽しく　何事にも挑戦!!

学級目標の例

ランニング5周をがんばる

タイピング150字

実行可能な具体的個人目標の例

　児童・生徒の目標設定には，教師が願う子どもの目標と子どもたちが願う自分の目標の二つの視点がある。教師が立てる学級の目標は，子どもたちにとっては外発的動機付けとなる。学級目標は，学校教育目標を基に学級の子どもたちの実態に合わせ，達成可能な内容を分かりやすい具体的な言葉で表現する。そして，教室の前方に掲示し，こんな児童・生徒になってほしいということを子どもたちに伝え応援することが大切である。一方，児童・生徒が立てる目標は，自分はこんな風になりたいという内発的動機付けである。子どもたちの願いや気持ちを大切にするが，「目標を書きましょう」という指導では「勉強がんばります」「たいいくがんばります」など抽象的で，「何をどのように努力すればよいのか」また，「どのようになれば達成できたのか」が分からない目標になってしまうことが多い。目標を立てるときは，将来の夢や得意なこと，苦手なことなどについてクラスで話し合う時間を設定する。自分のことを話したり友達の話を聞いたりする経験をすることで，自分の考えが整理され，具体的な自分の目標を見つけられるようになる。このような準備をした上で，今年頑張ってみようと思うことを具体的に書かせるようにする。目標は書いて貼っているだけでは目標に向かって頑張ろうという気持ちは育たない。確認したり，見直したりする機会を設け，「できたこと」「もう少し頑張ろうと思ったこと」などを振り返り，定期的に目標の見直しをすることが大切である。

（槇場政晴）

## 夏休みの様子の掲示

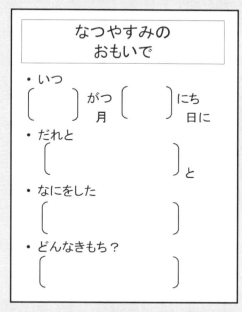

話し方の練習シートの例

できあがった作品は、余白を工夫して掲示する

　子どもたちが学校を離れて過ごした夏休みの経験を作文や絵画にして発表することは、自分のことを先生や友達に知ってもらう貴重な機会である。しかし、経験したことや感じたことを漠然ととらえていたり、うまく表現出来なかったりすると「楽しかった」「いやだった」などの定型文になったり、何を表現したらよいのか分からなくなったりしてつらくなってしまうことがある。自分の体験したことを整理し、何を伝えればよいのかを学ばせるため、作品づくりに取りかかる前には、「いつ」「誰と」「何があったのか」など話し方のルールを決めて、自分の体験を思い出しながら友達や先生と話をしたり、発表したりする時間を設けることが大切である。自分が体験したことを思い出し、自分の言葉で表現をすることができてから作文や絵画の制作に取りかからせるようにする。作品づくりの段階では、表現の方法が分からないなど困った時には、いつでも質問できる雰囲気を作り子どもたちを支援するようにすることが大切である。この時注意しなければならないのは、家庭の事情であまり楽しい体験ができなかった子どもへの対応である。日常の家族や友達とのふれあいをすばらしいものとして拾い上げるように心がけ、全員の作品を掲示できるように心がけたい。このように体験したことを整理し説明する学習は、自分のことを分かってもらうための表現方法を学ぶ機会となる。キャリア教育の一環として普段の学習にも取り入れたい。

(槇場攻晴)

# 個に応じた指導

## 教科等を合わせた指導③：生活単元学習

単元例：小学部5年

### 二十日大根を育てよう（栽培を中心として学習を展開）

単元計画

- **二十日大根を育てよう！**
  - 栽培する野菜を決める
  - 種まき
  - 間引き
  - 追肥

- **調理の計画を立てよう！**
  - 育てた野菜の調理方法を決める
  - 試食に招待するお客さんを決める

- **収穫して調理をしよう！**
  - 収穫
  - 調理
  - 試食
  - お客さんを招待

- 振り返り

【3つの小単元と振り返りで単元を構成】

### ①単元づくりで大切なこと

生活単元学習では，生活に結びつくような活動に児童・生徒が見通しをもって取り組めることが大切である。単元名は児童・生徒が言いやすい親しみのもてるものがよい。また，長期間にわたる活動になることが多いため，単元の中にいくつかの小単元を設け，今行っている学習に見通しをもてるようにするなどの配慮が必要である。

### ②栽培を中心とした単元

2学期は収穫の秋，栽培した野菜を調理して食べる単元が行われることが多い。栽培を中心とした単元では，自分たちで作った野菜を食べることにより，頑張って栽培してきたことの成果を実感しやすい。また，お客さんを招いてパーティーをするなど，児童・生徒にとって魅力的な活動を展開できる。

### ③単元例　二十日大根を育てよう

栽培と調理を中心とした単元例である。野菜の成長を実感しやすい二十日大根をタンブラーで栽培した。各自が一鉢のタンブラーで栽培をすることで「私の野菜」を大切に育てる意識がもてた。途中虫に食べられてしまうトラブルがあったが，予定外の害虫駆除の学習も加えて乗り越えた。最後はお客さんとおいしい二十日大根を食べ，栽培の成果を確認した。　　　（鈴木敏成）

# 日常生活の指導②：着脱

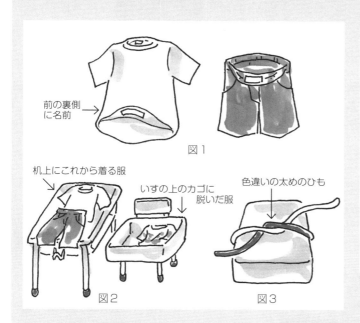

図4 着替え手順表

| 1 | | しゃつを ぬぐ |
| 2 | | しゃつを きる |
| 3 | | くつを ぬぐ |
| 4 | | ずぼんを ぬぐ |
| 5 | | ずぼんを はく |
| 6 | | はんかちを いれる |
| 7 | | くつを はく |
| 8 | | ふくを たたむ |

　将来の自立を見据えて，服装や身だしなみについて「清潔な服装でいようとすること」や「自分の身の回りのことを自分で管理しようとすること」などの意識を小さいころから育てるようにしたい。初歩の段階では以下のような指導を行い，自分で着替えることを目指したい。

- 初歩の段階では，サイズの合った脱ぎ着しやすい衣類を用意し，前後の区別がつくようなマークを付けると分かりやすい。服に付ける名前の位置を前にするなど決めておくと，目印になってよい（図1）。
- 着替えの手順は複雑なので，写真やイラストの入った着替え用のかごを用意し，机と椅子を使って場所を構造化するとよい（図2）。
- 上（シャツなど）を脱いだら上，下を脱いだら下（ズボン）というように，手順を決めて練習しておくとよい。着替えの手順表も活用する（図4）。

　また，高学年，中学生などの節目を活用し，風呂敷結び→机上のひも結び（図3）→エプロンや靴のひも結び，ベルト，ワイシャツのボタン，狭い場所で立ったままの服たたみ等，スキルアップを図っていきたい。高校生になって，エプロン（後ろ蝶結び）や靴ひも，ワイシャツ，5本指手袋などでつまづき，実習先（職場）から指摘を受けることのないように小学部段階から準備しておきたい。

(鈴木敏成)

# 健康・安全の確保

避難訓練：地震

視覚支援教材

ビデオ視聴後，実際に取り組む児童の様子

　地震等の災害は，児童・生徒にとって非常に突発的で大きな環境の変化であり，パニックを起こし，落ち着いて避難することが難しくなることがある。そのため，避難訓練をとおして適切な避難の仕方や，避難行動への見通しをもたせることが大切である。

　避難訓練に向けての事前学習では，「お（押さない）・は（走らない）・し（しゃべらない）・も（戻らない）」の合言葉をイラスト付きのカードで提示し，約束事を視覚的に伝えたり，避難までの一連の流れを動画で確認したりすることで，見通しをもつことができるように指導している。また，避難場所で，児童・生徒が長時間安心して過ごすことができるスペースや部屋があるか事前に確認しておくことが必要である。パニックになる児童・生徒がいることも想定し，集団で避難できる場所の他にも，集団から少し離れて落ち着くことのできる場所も考えておきたい。事後学習は短時間でもすぐに行い，児童・生徒が自分の行動を振り返りながら，「地震が来ても大丈夫」という自信や安心感をもつことができるように指導していきたい。

　児童・生徒が教師の指示を聞き，安心して避難ができるように，教師も突発的な場面で，周囲の状況を正しく判断し，冷静に対応しなければならない。日頃から集団で避難する意識をもち，周囲の学級と連携を図ることが必要である。児童・生徒の実態に応じて，常備薬や紙パンツ等を入れた持ち出し袋を作成，保管しておく等，事前の備えも重要である。

（中島綾菜）

## 避難訓練：火災

---

**火災避難のポイント** （保存版）

1　**戸締り**
　換気扇，エアコン，ガスを切る。窓・ドアを閉める。（施錠はしない）

2　**車椅子児童・生徒の避難**
　出火場所を聞いて避難経路を選択する。
　　外スロープが使えない→3階の車椅子児童・生徒は屋上に避難する。
　　　　　　　　　　　　（避難していることを知らせること）
　　　　　　　　　　　2階の車椅子児童・生徒はひかりの広場のスロープで降りる。
　　外スロープが使える（＝ひかりの広場のスロープが使えない）
　　　　　　　→2・3階の車椅子児童・生徒は外スロープで降りる。

3　**動けない生徒がいた場合**
　本部（501〜507）と避難場所へ連絡する。（身近な先生に連絡を頼む）

4　**人数確認**
　・高等部の学年主任（または，代理の先生）は避難場所本部へ人数確認票を取りに行き，記入して点呼係りに提出。
　・小中学部は各クラスで点呼係りに報告する。

「みんなで自覚，使える避難訓練！」

避難時の集合場所の図

---

教職員の確認事項を記したプリント

　新入学生にとっては新校舎めぐりや避難経路，非常口を確認するのはできるだけ早いほうが望ましい。しかし，児童・生徒全員が迅速に安全に避難するには，教師との信頼関係が構築され，児童・生徒に適した指示をすることが必要である。1学期間の学校生活から教師は，避難させるときの整列順番を決定しておき，事前に全体に「友達がけがをするから押さない」「ぶつかったらけがをするから走らない」「危険だという情報が聞こえないから声を出さない」「忘れ物に気づいても戻らない」と伝えながらも，あえて一対一対応で目を見て伝えねばならない児童・生徒を把握しておき，「先生についてくれば必ず守るから，みんなも約束を守ってみんなで避難して命を大切にしましょう。」という約束をしておくと児童・生徒が落ち着いて行動できる。日頃から，「放送は口を閉じて聞く」という習慣をつけておくと安全な避難につながる。

　秋に避難訓練を行うことは効果的である。次第に寒くなり，冷房から暖房器具に変わる季節に「暖かい→熱い→火事」につながる身近な例を挙げて学習し，火によるけがや事故の怖さについて考える機会を導入して災害の怖さと安全な避難によって守るべき大切な命を学ぶことができる。

　何よりも大切なのは，訓練のための訓練にならないよう，避難に対する教師の自覚を高めておくことである。

（細内千恵子）

# キャリア教育と進路指導

## 職場見学の実施：中・高等部

### 職場見学の企画

| 職場見学先（例） | 学習上の特性（例） |
|---|---|
| 卒業生が就労する福祉作業所 | ・先輩がいる親しみやすさがある。<br>・ミニ仕事体験をさせてもらえる場合もある。 |
| 卒業生が就労する福祉工場 | ・先輩がいる親しみやすさがある。<br>・生産現場のスケールが大きい。<br>・賃金が少し高い。 |
| 卒業生が就労する民間企業 | ・先輩がいる親しみやすさがある。<br>・先輩が社員となっていることがよく分かる。<br>・社長・部長・課長さんに接し，企業の雰囲気が実感できる。<br>・賃金がさらに高い。 |
| 近隣の商店・スーパー | ・学校に納入している商品があれば，生産と消費の関係が理解しやすい。 |
| 見学コースのある大手企業の工場 | ・大手企業が生産する製品・食品の製造過程を見ることで社会と企業の関係が理解しやすい。 |

　職場見学は，将来，就労を目指す生徒が様々な職種を体験し，現場感覚を習得できる等有効な手段である。したがって，教師が地域の特性や産業構造を把握した上で，計画的に実施する必要がある。
　職場見学をする目的は以下のとおりである。
①就労の意欲を高める。
②就労に向けた心がまえを学ぶ。
③学校と働く場の違いを知る。
④働くことはどんなことかを知る。
　学校で「様々な仕事を知る」で学んだことが，実際の就労現場を見学することで，生徒のイメージをより具体的にふくらませることができる。さらに，「見学した職場で働いてみたい」といった意欲をもたせることにつながるよう，見学先と時間や内容を綿密に調整することが大切である。場合によっては，見学だけでなく，実際に仕事を少し経験できると，より生徒の就労へのイメージや意欲につながる。
　また，職場見学を社会に出る学習の一歩として，身だしなみや言葉づかい等を普段の指導の中で身に付けさせていくことも重要である。

（田村康二朗）

## 現場実習の実施：高等部

実習日誌（例）

　現場実習は，各学年によってのねらいや意味合いが異なる。1・2年次では「自分の適性を知る」ことをねらいに，働く環境を知ることや，やりがい，仕事の厳しさに触れながら，自分はどのような仕事をしたいのかを考える機会とすることが重要である。3年次では「自分の進路を決める」ことをねらいに，本人の適性や周囲から出された評価によって自己理解を深め，進路決定を目標に進めることになる。

　現場実習を実施するにあたり，以下の点に留意することが大切である。
①実習生資料を作成する→生徒の特性やアピールポイントをまとめる
②実習先を調整する→「やりたい仕事」だけでなく，実際に「ある仕事」を踏まえる
③実習先との事前打ち合せを行う→仕事内容や時間等を聞き取り，まとめる
④生徒への指導を行う→実習日誌の作成，通勤練習，身だしなみや言葉づかいの指導を行う
⑤教師の訪問計画をたてる

　現場実習は，社会に出るための大切な学習である。生徒自身が過度な不安をもたないで済むように，事前に実習先の情報を丁寧に伝え，安心して取り組めるように計画することが重要である。また，実習先に対しても安心して生徒を受け入れていただけるよう，事前に十分な打ち合わせを行うことが必要である。

(田村康二朗)

# 保護者・関係機関との連携

## 引き渡し訓練における保護者との連携

いざという災害時への備え

　引き渡し訓練は，大きな地震等が起こった時，保護者に児童・生徒を引き渡し，安全を確保してもらうことと，児童・生徒にとって，いざという時に訓練の経験を生かして，混乱を最小限に留め，適切に行動できることを目的としている。

　引き渡し訓練の緊急連絡は，一斉メール送信や電話等で行う。本番さながらに確実に連絡が出来るか確認する。

　大震災時には学校に留まる方がよいと言われており，学校で防災宿泊訓練を行う必要もあるだろう。どの程度の揺れや被害であれば学校に留まるというおおよそのガイドラインは学校で決められおり，教師もそれを把握しておきたい。

　災害に備えるために，訓練を機に次の2点を保護者と確認したい。
①服薬している場合，普段から予備薬を数日分持たせること
②ヘルプカードを活用し支援を得られるようにしておくこと

　避難所生活をする場合，地域の方の理解が何より重要である。地域の方との交流や，障害についての理解・啓発が十分できているか，学校も家庭も見直し，改善を図る機会ともしたい。

（菊地直樹）

## 進路指導面談の実施①：高等部

**就労移行支援のためのチェックリスト　評価項目**

| 日常生活 | 起床，生活リズム，食事，服薬管理（定期的服薬），外来通院（定期的通院），体調不良時の対処，身だしなみ，金銭管理，自分の障害や症状の理解，援助の要請，社会性 |
|---|---|
| 対人関係 | あいさつ，会話，言葉づかい，非言語的コミュニケーション，協調性，感情のコントロール，意思表示，共同作業 |
| 行動・態度 | 一般就労への意欲，作業意欲，就労能力の自覚，働く場のルールの理解，仕事の報告，欠勤等の連絡，出勤状況，作業に取り組む態度，持続力，作業速度，作業能率の向上，指示内容の理解，作業の正確性，危険への対処，作業環境の変化への対応 |
| 参考項目 | 作業速度，作業能率の向上，指示内容の理解，作業の正確性，危険への対処，作業環境の変化への対応， |

　生徒本人の進路であるため，生徒自身が進路に希望をもち，実現に向けて努力をすることが大事である。現場実習の評価では同じ評価表を使い，自己評価，進路先評価，先生や保護者の評価をつけ，進路指導面談で突き合わせる。自己評価と他者の評価との差異を明らかにし，自分の強みや課題を主観的にも客観的にも捉えられるようにする。そして，今後の課題を確認し，自覚的に取り組むようにする。

　進路先を決めるには，①希望を強くもつこと，②強みを生かせること，③必要な支援が整う環境であること，④求められる仕事や作業・活動を，支援を活用しながらも自立的にできることが重要なポイントとなる。1年生では，生徒の強みや必要な支援を見出せたか，2年生では，強みを現場実習で生かすことができたか，3年生は，進路先から求められることに対して応えることができたか，3年間を通して進路に向かう意欲を高められたか確認することが大事である。

　また，進路指導面談で確認された課題は，個別の教育支援計画や個別の指導計画に反映し，具体的に学校や地域で取り組んでいくことも大切である。

(菊地直樹)

# 10月 学びの秋①スポーツの秋・芸術の秋

## 今月のTODO

**学級事務**
- 授業参観週間の準備
- 就学に関わる事務

**環境づくり**
- 障害特性に応じた環境整備
- 秋を感じる掲示

**個に応じた指導**
- 教科等を合わせた指導④：高等部作業学習
- 教科等の指導：国語

**健康・安全の確保**
- 公共交通機関の利用
- コミュニケーションボードの活用

**キャリア教育と進路指導**
- 生徒会活動における役割：中・高等部
- 選挙の仕組み：高等部

**交流及び共同学習**
- 障害に配慮した交流及び共同学習の事例②
- 学校行事における学校間の交流

**その他**
- 個人情報の管理状態再点検の実施
- 専門性向上に関する民間研修の受講

 学校生活

　3期制の学校では2学期は4か月と，最も継続して学習を積み上げることができる期間である，児童・生徒は，夏季休業中期間に馴染んだ生活リズムからの切り替えも終えての10月は，秋雨の時期も終わりを迎え，天候に恵まれる。

　学びの秋は，秋晴れの下，絶好期を迎える。不快指数も落ち，コンディションに敏感な児童・生徒にとっても，心身が安定するこの時期に培った見通しを手がかりに学習のステップアップを成し遂げたい。さらに培った人間関係を生かした共同作業や合同学習の中で，相互協調の姿勢や思いやりが育つ。

　スポーツの秋には運動会・各種大会・記録会・対外試合等のスポーツ行事等が開催され，秘めた意欲や培った能力が開花し，家族や周囲の賞賛が次なる勇気につながる絶好機ともなる。

　芸術の秋は，作品づくりに集中するよい時期でもある。教師の感性を生かし個性を引き出す素材や技法をアレンジして用意し，新たな可能性を引き出したい。パラリンピック等をきっかけに共生社会の実現に向け，アート作品募集やアートコンテストの機会が拡大しているので，よく情報収集して，指導計画に盛り込んで臨みたい。

学級経営の勘所

### 学習意欲を高める行事等への創意工夫した参加準備

　学級担任は，学級の環境整備をするとともに，各種行事への準備の創意あふれるアイデアと意欲が問われる存在である。よい準備があれば，児童・生徒の行事への意欲は一層高まるとともに，学級の結束が一層高まる。また，保護者も，その創意あふれる担任教師の準備からその熱意とともに児童・生徒の特性や興味関心を的確に捉えた専門性を知り，一層の信頼感と学級指導へのさらなる協力意識が培われるのである。例えば，応援グッズの形・色・使い方，個別の配慮，学級での練習会，学級通信によるきめの細かい情報提供。エントリーを推奨するアートコンテストの情報収集力と選択センス等々である。

　こうした活躍機会の提供の際に留意したいことは，1年間の中で，あるいは各学期の中で，学級の一人一人の活躍場面を必ず創り出すことである。特別支援学校とはどのような障害の状態にあっても，希望を実現する学校であることを各担任が指導を通して証明していく場なのである。校内には図書の貸出，植物の栽培等，係活動様々な活躍機会が広がっている。その選択と関わりの工夫が教師としての腕の見せ所である。

 仕事の勘所

### 個人情報の管理状態の再点検

　特別支援学校の学級担任は，多様な実態の児童・生徒の教育を担うことから，多くの個人情報に日々接している。着任後6か月を経過した今月は，改めてその扱いが雑になっていないか，保管や処分のルールが厳格に守られているか，ルールに穴はないか，自己点検や同僚との相互点検を励行したい。

・出席簿，健康診断簿，指導要録の指定場所への保管の徹底
・就学・転学・進級相談資料の利用と保管
・診断書，学校生活管理票，アレルギー対応票
・学級での保護者からの提出物の扱い方（保管箱，提出チェック，職員室への運搬方法）
・学級生活や指導の様子を記録するカメラの保管とデータ管理（消去確認と機器返却事務）
・引率時に携行する指導資料の部数管理と回収廃棄管理
・印刷時の原稿置き忘れ防止策

　上記は一例であり，実に多岐にわたる。児童・生徒の個人情報を大切にできないということは，児童・生徒の人権を尊重していないということと同義であり，教師として最も大切な資質が問われることになる。決して慣れてしまうことなく，定期的に点検し，その保護に万全を尽くしたい。

(田村康二朗)

# 学級事務

## 授業参観週間の準備

　授業参観週間は，学習の様子をとおして保護者に児童・生徒の成長を伝えることのできるよい機会である。そのためには，授業参観の案内をとおして，その授業のねらいや指導のポイントを保護者にあらかじめ伝えることが重要である。

　授業者には，その授業の一番のねらいがあり，その達成に向けた教材・教具や指導方法の工夫をしている。ねらいが共通理解されていない授業参観では，保護者が独自の視点で授業を見ていることになる。結果的に，教師が見てほしいところを見てもらえない授業参観となっている。授業参観のお知らせに簡潔にねらいと指導のポイントを載せるだけで十分に授業の意図が伝わる授業参観となる。また，授業参観週間では，特別支援学校は学年・学級やグループでの様々な形態の授業があるため，いつ，どこで，何をやっているかが分かりやすいお知らせを作る必要がある。保護者は，探し回っているうちに何分もの授業が終わっていたらがっかりする。いかに分かりやすい表にするか考えて作成することが大切である。

　もう一つの留意点は，環境整備である。教室掃除が行き届いていないことなどは論外であり，学校の顔である昇降口，下駄箱の清潔さはもちろんのこと，ホワイトボードの状態や，先生方が教材を整理する棚の中の状態についても保護者はよく見ている。がっかりさせることなく，円滑な学級経営の妨げにならないようにしたい。

(原島広樹)

## 就学に関わる事務

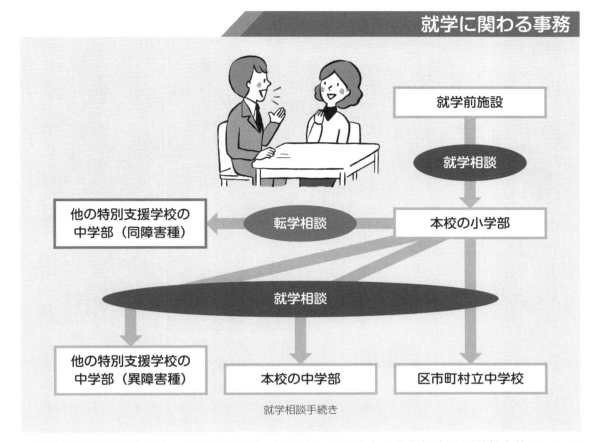

就学相談手続き

　区市町村教育委員会は，当該区市町村の区域内に住所のある学齢児童及び学齢生徒について学齢簿を編製する義務がある。就学前幼児の学齢簿の作成は，10月1日現在において行うため，10月から就学先の決定に向けて手続きが始まる。

　就学相談は，教育相談部の担当者が区市町村教育委員会等が定めた「就学相談の手引き」等に従って進めていくが，小学部6年生の担任である場合，以下の三つの就学相談を保護者と確認し，教育相談担当者と協力して進めていく必要がある。

1　在籍する特別支援学校の中学部に進学する場合の相談
2　在籍する特別支援学校以外の学校へ進学する場合の相談
　（1）障害種別の異なる特別支援学校の中学部に進学を希望した場合
　（2）転居等の理由により自校の中学部以外の特別支援学校（同障害種別）の中学部に進学する場合
3　保護者が区市町村立中学校への進学を希望した場合

　保護者が，特別支援学校から区市町村立の中学校への進学を希望した場合，在籍校において保護者と十分な相談を行うことが重要である。児童が，中学校（特別支援学級）で十分な教育を受けられると校長が判断した場合，基本的に都道府県教育委員会を通じて，児童が居住する区市町村教育委員会へ連絡し，当該教育委員会の就学相談を受ける必要がある。

（原島広樹）

# 環境づくり

## 障害特性に応じた環境整備―再構造化―

シンボルを用いたコミュニケーションボード
（シンボルボード）

与えられた課題から自分で選ぶ課題へのワークシステムの発展

　学期の終わりには，子どもたちは自発的に活動できていたか，困っている様子は見られなかったかなどを振り返ることが大切である。さらに，どんな時に気が散りやすかったか，ものにこだわることがあったか，触覚や聴覚などの感覚に目立った特徴があったかなどについても振り返り，対応方法を検討する。掲示物が気になるようであったら，掲示物の前にカーテンを設置して必要な時にだけ見えるようにする工夫が必要である。カームダウンスペース（クールダウン部屋）の活用ルールを見直し，子どもたちと再確認しておくとスムーズな活用ができる。また，子どもたちの漢字やひらがななど文字の理解や文章や話の理解度など具体的なチェックをすると，当初できないと思っていたことができていたり，その反対だったり気づくことがあるので，その時は掲示物の形式を修正する。シンボルやイラストなどの絵記号は意味や概念を表すものである。文字と絵記号を併用すると意味や概念を支えにして文字の理解を深めることができる。もし，文字の理解が難しく掲示物の内容理解が難しいことが分かったら，積極的に絵記号を活用することを検討したい。また，学習時や自習で活用する課題箱などのワークシステムが定着してきていたら，自分に合った課題を自分で選択できるようにレベルアップすることも検討する。構造化が必要なくなることは決してないが，過剰なサービスにならないように発展させたい。

（槇場政晴）

# 秋を感じる掲示

クラスの皆が乗った汽車の背景を夏から秋をイメージする装飾に変更し、秋のイメージを演出した例

子どもたちが見つけた秋

　最近は，気候の関係で春に運動会を行う学校が多くなったが，秋には，子どもたちが楽しみにする行事がたくさんある。これらの行事をイメージするイラストをカレンダーや行事予定表に載せて子どもたちの期待感を高めたい。また，現代では，いろいろな食材が１年中店頭に並び，季節の食材が分かりにくくなっているので，実りの秋を実感できるものを探し，夏の掲示と入れ替えをしたい。また，夏に見られた昆虫や草花が見られなくなり，秋の昆虫や草花に移り変わっている。やはり，教師は子どもたちに「秋探し」をさせ，子どもたちそれぞれの秋を見つけさせたい。

　春，夏と季節を探させ絵や写真などで記録を残すことを提案してきたが，この活動には正解はなく，一人一人の子どもたちが感じる季節が答えである。それぞれが発見した季節を大切にし，クラスの友達や先生がその子どもの発見に共感し，認めることによって自分で見つけた季節という自己決定感や自分ならできるという自己有能感，他者に受け入れられていると感じる他者受容感を高めることができる。そのため，子どもがあまりにも季節に合わないものを見つけてきた場合であっても「これは，秋じゃないよ。」などと否定はせず，「そうだね，でも他にもどんな秋があるか探してみよう。」と子どもを認め，季節に合ったものを探す支援をし，自己肯定感を高めるよう留意することが大切である。

（槇場政晴）

# 個に応じた指導

## 教科等を合わせた指導④：高等部作業学習

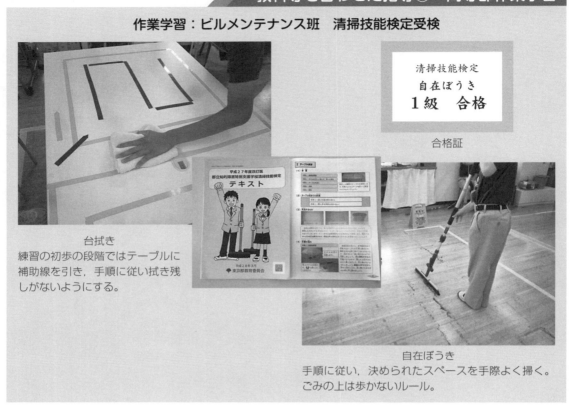

作業学習：ビルメンテナンス班　清掃技能検定受検

台拭き
練習の初歩の段階ではテーブルに補助線を引き，手順に従い拭き残しがないようにする。

合格証

自在ぼうき
手順に従い，決められたスペースを手際よく掃く。ごみの上は歩かないルール。

### ①高等部の作業学習

　高等部では，ものづくりや栽培などの作業種に加え，流通やサービス系の作業種が設定されることが多い。就労の基礎を培う重要な授業であり，多くの授業時数が配当されている。例えば「ビルメンテナンス班」で学習した生徒が清掃業務に従事したり，「流通サービス班」で学習した生徒が，PC作業の能力を生かして事務仕事に従事したりと，作業学習の内容がダイレクトに就労先の職種とつながることも多い。近年は，校外の方も利用できる喫茶コーナーを校内に設けて，「喫茶サービス班」の生徒が接客をしたり「食品加工班」が製造したケーキを販売したりするなどの取組も行われている。ものづくりや栽培の作業種においては，製品の品質管理や生産量の調整，継続的な販売活動の実施など，製造から販売までの一連の流れを経験できるようにすることが大切である。

### ②授業例

　ビルメンテナンス班では，「清掃技能検定テキスト」に基づいて清掃の手順を覚え，「清掃技能検定」を受検している。手順に従って業務を遂行する力を身に付けるとともに，検定合格の経験を通じて，自信をもって働くことができるようにしている。近隣の公共施設の清掃を実際に経験することなどを通じて，実際の就労現場で生かせる力を育成している。

（鈴木敏成）

# 教科等の指導：国語

## 小学部：文字とイラストのマッチング教材

ひらがなを一文字選んだり，まとまりとして選んだりして理解を深める。

はじめの一文字を選ぶ

単語を選ぶ

1文字ずつひらがなを選び並べる

### ①伝え合う力の育成

　知的障害のある児童・生徒の「国語」の指導は，日常生活に必要な国語の理解を深め，伝え合う力を養い，場面や状況に応じて適切に活用できるようにすることが目標となる。発達段階や特性を踏まえ，生活に生かせる題材や内容を設定して「伝え合う力」を育成する視点での授業を構成したい。

### ②学校活動全てを通じて国語の指導を

　日常生活に必要な国語を理解し，表現する力は他の教科とも大きく関連し，学習の基本となる。そのため，時間を設定しての「国語」の授業場面だけでなく，教科等を合わせた指導など様々な場面で実際の経験を通じて，話す力や書く力，読む力などの伸長が図られるようにする。

### ③将来の生活を豊かにする観点で

　「国語」の授業では児童・生徒の生活に結びついたものや生活に必要なものを題材として選定したい。例えば小学部での文字の指導の初歩段階では，自分の名前やよく使うもの，動物の名前など，身近な題材をもとに教材を作成することが大切である。また中学部，高等部段階では，話を聞いて大まかな内容を理解したり，気持ちや意見を伝え合ったり，目的に応じて正しく文章を書くなど，卒業後の生活を見据えて学習を展開したい。

(鈴木敏成)

# 健康・安全の確保

## 公共交通機関の利用

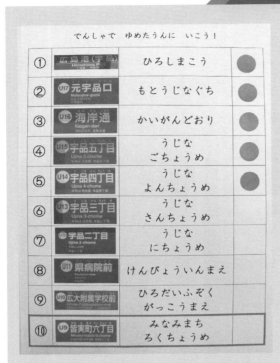

資料1　目的地までを示したカード

資料2　ルールやマナーの学習で使用

　公共交通機関を適切に利用することができるようになるために、児童・生徒に身に付けてほしいこととして3点挙げられる。

　まず1点目は、「降りる駅やバス停が分かること」である。自分がどこから乗って、どこで降りなければいけないのかを把握することは、公共交通機関を利用する上で、大変重要なことである。また、駅やバス停の名称を知るとともに、資料1のように目的地までの見通しをもつことで、安心して公共交通機関を利用することができる。

　次に2点目は、「適切な額の運賃を支払うこと」である。利用した距離等に応じて運賃を支払うことができるために、模擬体験で運賃を支払う場面を設定したり、電光掲示板などを使って運賃を知る方法を指導したりする。また、最近はICカードも普及しているため、乗降時の使用方法やチャージの仕方などについても指導すると、さらに利用しやすくなると考えられる。

　最後に3点目は、「ルールやマナーを守ること」である。公共交通機関を利用する前や利用している時には、様々なルールやマナーが存在する。そのようなルールやマナーを理解することができるよう、言葉での説明だけでなく、資料2のような文字付きのイラストや写真カードを用意する。このような視覚的な支援を使っての学習に繰り返し取り組むことで、周りのことを考えて利用しようとする意識が高まることが期待できる。

（永野信哉）

## コミュニケーションボードの活用

### 「めくり式歯磨き手順カード」

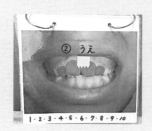

①歯の写真カード

②顔つきのイラストで磨く箇所が簡潔なカード

③歯のイラストで磨く箇所が細かく分けてあるカード

カードを自分で読みながら歯磨きをしている様子

「仕上げお願いカード」とそのカードを教師に手渡している様子

コミュニケーションボードを活用した（小学部）の歯磨き指導を紹介する。

個々の児童が，できるだけ一人で丁寧に歯を磨けるようになることを目標に，めくり式の歯磨き手順カードを活用して指導を行っている。手順カードは児童の実態に合わせて，①写真のもの，②顔つきのイラストで磨く箇所が簡潔なもの，③歯のイラストで磨く箇所が細かく分けてあるものと3種類を用意している。写真やイラストの下に数字を書くことによって自分で数を数えながら磨くことができる。しかし磨き残しはあるので，仕上げ磨きは必要である。仕上げの際，言葉でコミュニケーションをとることができる児童には，「せんせい，しあげをしてください。」と書いてあるカードを手順カードの中に入れておくことで，それを見て，伝えることができている。言葉でのコミュニケーションが難しい児童には，マジックテープでの取り外し式の「仕上げお願いカード」を使用し，カードを教師のところにもってきて伝えるように指導している。これは，日常生活の中でも，要求を伝える際，カードを教師のところに持って行くという指導の延長で行っている。夏休みには，家庭にも同じ物を持ち帰らせ，連携を図りながら進めている。今まで，歯磨きの仕上げを嫌がっていた児童も，手順カードで示すことで受け入れることができるようになったり，歯磨きをすぐ終わりにしてしまっていた児童もより歯の部位を意識して磨いたりすることができるようになってきた。

（池田幸枝）

# キャリア教育と進路指導

## 生徒会活動における役割：中・高等部

### 「生徒会活動の目標・内容・育む力」

| | |
|---|---|
| 目 標 | 生徒会活動を通して，望ましい人間関係を形成し，集団や社会の一員としてよりよい学校生活づくりに参画し，協力して諸問題を解決しようとする自主的，実践的な態度を育てる。 |
| 内 容 | 学校の全生徒をもって組織する生徒会において，学校生活の充実と向上を図る活動を行うこと。<br>（1）生徒会の計画や運営<br>（2）異年齢集団による交流<br>（3）生徒の諸活動についての連絡調整<br>（4）学校行事への協力<br>（5）ボランティア活動などの社会参加 |
| 育む力 | （1）生徒会組織の一員として自覚と責任感をもち，ともに協力し，信頼し支え合おうとする力<br>（2）ボランティア活動など社会活動への参加や協力する力<br>（3）他校との交流や地域の人々との幅広い交流など，学校外における活動をとおして，他者を尊重し，ともによりよい集団生活や社会生活を築こうとする力 |

　生徒会活動は，全校の生徒を会員として組織し，学校における自分たちの生活の充実・発展や学校生活の改善・向上を目指すために，生徒の立場から自発的・自治的に行われる活動である。このような生徒会の集団における望ましい集団活動をとおして，望ましい人間関係を形成し，集団や社会の一員としてよりよい学校生活づくりに参画し，協力して諸問題を解決しようとする自主的・実践的な態度を育成することが目標とされている。
　生徒会活動をとおして，以下の力を育むことが大事になる。
①豊かで充実した学校生活づくりのために，一人一人の生徒が生徒会組織の一員としての自覚と責任感をもち，ともに協力し，信頼し支え合おうとする力
②ボランティア活動など社会的活動への参加や協力する力
③他校との交流や地域の人々との幅広い交流など，学校外における活動をとおして，他者を尊重し，ともによりよい集団生活や社会生活を築こうとする力
　生徒会活動では，生徒自ら目標をもち，学校や社会の一員としてよりよい学校生活へ貢献するための役割や責任を果たし，学校生活全体の充実・向上に関わる問題について，話し合って協力して解決したり，集団や社会の一員としての自覚に基づき，学校や地域社会の生活の充実・向上に積極的に関わったりしていく自主的・実践的な態度を養う役割がある。　（田村康二朗）

## 選挙の仕組み：高等部

①事前学習「選挙で何を決めるのですか」の画像で学んだ後，模擬選挙の説明

②選挙管理委員会から借用した記載台と投票用紙で候補者名を記載

③実際の投票箱に自分で投票

④開票作業の見学と「振り返り」の事後学習

　特別支援学校高等部に在籍する満18歳以上の生徒は有権者となる。よって，特別支援学校における主権者教育の推進と，障害者が円滑に投票できるための制度等について学習していく必要がある。

　特に特別支援学校における主権者教育は，小学部の社会科にて「私たちのくらしを守る日本国憲法」，中学部の社会科（公民的分野）にて「住民としての地方の政治」，高等部の現代社会の必履修科目として，学習指導要領に示されている各教科等の内容と関連させて実施する。

　また，実際の学校生活の中でも，係活動や委員会活動等で果たすべき役割と責任について体験的に学習をしていく必要がある。特に，高等部では，地域の選挙管理委員会の出前授業等の活用に加え，生徒会選挙の機会を通して，選挙の意義や具体的な仕組みを体験的に学習していくことが重要である。

　選挙運動と政治的活動についても，満18歳以上の生徒は選挙権を得ることと同時に，選挙運動期間中に選挙運動を行うことができる。公職選挙法により選挙運動は，様々なきまりがあるので，ルールを知らないまま生徒が意識せずに携帯電話等を選挙運動に活用したとすると，公職選挙法で禁止させている行為を行ってしまう場合が考えられるため，選挙制度を十分に理解できるようにしていく必要がある。

(田村康二朗)

# 交流及び共同学習

**障害に配慮した交流及び共同学習の事例②：小・中学部**

**交流及び共同学習における知的障害のある児童・生徒への配慮**

①見たい，やってみたいという興味関心に沿った活動を準備する
②できた，わかったと感じられる活動を準備する
③今まで経験したことがあり，見通しをもつことができる活動を準備する
④新しい活動をする時には，安心できる場所や安心できる人と一緒に行う
⑤できたことが周りの人に認められるという経験を大切にする 等

※以上のことは，知的障害に限らず，全ての障害のある児童・生徒に共通した配慮と言える

　交流及び共同学習は，障害のある児童・生徒と障害のない児童・生徒が関わり，同じ社会に生きる仲間として，お互いを正しく理解し，ともに助け合い，支え合って生きていくことの大切さを学ぶ場でもある。この機会を効果的に生かすために，障害のある児童・生徒のもつよさを発揮できるような，児童・生徒の障害に配慮した取組が必要である。

　ここでは，知的障害特別支援学校の小学部と小学校の取組を紹介する。まずは，自分たちがいつも過ごしている学校を会場として，日頃楽しんで行っている活動を，友達と一緒に取り組むことを基本とした。

　児童・生徒は，新しい活動をすることや新しい友達との出会いと関わりを楽しみにしている部分もあるが，同時にかなり緊張もしている。はじめのうちは新しい活動や友達という以外の環境はいつも通りにし，自分の力を発揮できるようになったら，徐々に新しい活動や新しい場所などを入れていく。そのことにより，本来もっている障害のある児童・生徒のもつよさを発揮してほしいと考えるからである。

　さらに，新しい友達に毎日積み重ねてきたことを披露して，拍手をされたり，「すごい」「素敵」とほめられたり認められたりする経験をしてほしい。児童・生徒が分かるようなほめ方でほめ，やがて自立していく自信をつけていってほしい。

（佐野貴仁）

## 学校行事における学校間の交流

```
　　　　○○小祭り　プログラム

1　日時及び場所
　　・平成　年　月　日　3校時，4校時
　　・○○小学校校庭（雨天時…体育館）

2　お客様
　　・○○特別支援学校小学部の皆さん
　　　　：

3　スローガン
　　「みんなで燃えろ，○○小祭り」

4　日程
　　①はじめの会
　　　・あいさつ（校長先生，児童会実行
　　　　委員長）
　　　・特別支援学校の紹介とあいさつ
　　②前半のお店と遊び
　　③後半のお店と遊び
　　④終わりの会
```

　交流及び共同学習では，例えば，学校行事やクラブ活動，部活動，ボランティア活動などを合同で行ったりする活動をとおして，学校全体が活性化するとともに，児童・生徒が幅広い体験をし，視野を広げることによって，豊かな人間形成を図っていくことが期待される。

　事例にあげる特別支援学校と小学校は同じ地域にある。この地域では，商店街を中心として，夏に○○祭りと称する地域を挙げてのお祭りを開催し，その地域の行事には，近隣の幼稚園，小学校，中学校，特別支援学校も参加する。各学校も，それぞれが時期は違うが「○○祭り」を学校行事として開催し，町内の方や地域の学校等を呼ぶことにしている。

　「○○小祭り」は，地域の小学校が開催し，特別支援学校の児童が毎年招待され，児童にとっても恒例の楽しみにしている行事である。内容としては，小学校の児童は学級単位でお店を出し，店番と遊びを交代しながら参加する。特別支援学校の児童は，小学校の児童とペアを組み，お店を回りながら遊ぶのである。交流が始まったころは，その祭りで初めて出会うという形だったが，次第に「特別支援学校探検」や「○○小で遊ぼう」などの交流が位置付き，顔と名前を覚えるようになっていった。地域で通学路が重なるため，道で会い挨拶することも日常的になっている。学校行事として始めたことが，日常的な生活の場面での交流につながっている。地域の学校同士の交流のよさである。

（佐野貴仁）

# 11月 学びの秋②進む学び・深まる学び

## 今月のTODO

**環境づくり**
- 児童・生徒の作品等の掲示
- 清潔な教室環境：衛生面

**個に応じた指導**
- 自立活動の指導：小・中学部
- 日常生活の指導③：排泄

**健康・安全の確保**
- 宿泊学習における安全確保
- 食育に関する指導

**キャリア教育と進路指導**
- 職場見学の振り返り：中学部
- 現場実習の振り返り：高等部

**交流及び共同学習**
- 障害に配慮した交流及び共同学習の事例③

**保護者・関係機関との連携**
- 関係機関についての情報提供②

**その他**
- 人権研修（自己研鑽）の実施
- 特別支援教育コーディネーターとの連携

 学校生活

　9月後半から11月末までの2か月半は週時程に定めた授業がもっと継続して積み上がり，学習が進み，学びが深まる時期である。多くの時間数を費やした単元学習も可能な時期であり，対話的な学びや主体的な学びを重視した指導も展開できる絶好機である。

　一方で，11月前半までのよい気候を利用した修学旅行・移動教室・体育祭などの学校行事や対外行事も催される時期で，どこかの学部や学年が校外に出かけていることも多い。学校内の一体感を育てるためにも校内児童・生徒の活躍や遠征の情報を分かち合い，相互に励まし，讃え，労い合う人間関係を培いたい。

　また並行して，学校公開・就学予定児を抱える保護者の見学や就学予定児の体験入学などが本格化していく時期である。4月からの6か月間の社会性を伸ばす指導の積み上げ成果を期待したい。誰が見学に来ても，一緒に学んでも自然に受け入れ，優しく仲良くできる心情面の成長を引き出し，当該の保護者とその喜びを分かち合い，家庭との連携を一層進める機会としたい。

**学級経営の勘所**

### ● 児童・生徒の作品展示の工夫

　学びの秋は，行事も多く，保護者も毎月あるいは毎週の様に来校する機会がある。作品も次々と完成する時期でもある。少なくとも半月ごとに掲示物や展示物を入れ替え，学級の一人一人の様々な「良さ」が伝わる場としたい。数多く貼るだけとは限らない。芸術の秋にふさわしい空間構成をデザインし，深みと余韻を演出したい。その際，若い感性や初めて特別支援学校に着任したばかりの慣れ切っていない新鮮な感性が頼りとなる。

　また，学習の意図や作者の工夫，完成時の感想など，作品の背景が感じられる程よい説明もほしい。私設の小美術館が催す「秋の所蔵展」のイメージで，春先とは一味違う深まりを演出したい。なお，体験入学や学校見学で来校する方の目に触れることにも留意したい。

### ● 清潔な教室環境

　9月からの授業再開に備えて大清掃した教室環境も，2か月の中で少しずつ汚れが蓄積してきている時期である。時間を見つけて，清潔感あふれる教室を蘇らせたい。すっきりしない黒板，手洗い場のぬめり，水道栓のくすみ，透明感の落ちたガラス窓，窓下花壇の枯れ草，土が半分入ったままの植木鉢や雨ざらしのシャベルなど，見学者はシビアに見ている。

 **仕事の勘所**

### ● 個に応じた指導の再点検

　「衣服の着脱」「食事」「排泄」等，日常生活をとおして行う身辺自立を目指した指導は，入学以来連綿として引き継がれつつ取り組んできている。落ち着いて指導のできるこの時期に対象の子の順序を決めて集中指導にあたりたい。学校と連携している外部専門家等のアセスメントも活用しつつ，スモールステップのどこに現在位置し，次の一団はどこを目指すのか。そのためには指導者はどこに留意すればよいのか。保護者と連携し，家庭で取り組んでもらうことはないか。時には専門家や保護者を交えたケース検討会も有効である。

　個別の到達目標を設定する際，その物差しの目盛りを細かくし，達成できない目標を継続して掲げていくより，毎回目標を達成し，新たな目標設定に移るプロセスに挑戦したい。

【衣服の着脱面】自立に向けたステップのポイント（例）：シャツの後・前の区別及び手がかりマークの有無と大きさ，ボタンはめ，ファスナー閉め，ベルト締め，靴下のかかと合わせ，ズボンのホック，上着の襟直し，ズボンへのYシャツの裾入れ

【食事】自立に向けたステップのポイント（例）：摂食機能（噛みとる，咀嚼する，嚥下する）の向上，スプーン・フォークの使い方，食器の持ち方，偏食改善　他

【排泄】自立に向けたステップのポイント（例）：おむつ使用から時間排泄へ，便意の理解と意思表示，ふき取り，トイレの使い方，手洗い，トイレ利用後の身だしなみ

（田村康二朗）

# 環境づくり

## 児童・生徒の作品等の掲示

製作の様子も一緒に掲示すると作品に対する理解も深まる

作品にコメントを付けて展示

　授業参観の時など，子どもたちが保護者に自分の作品を自慢げに紹介している場面を見かけることが多い。絵画や書道，作文，動植物の観察の記録など子どもたちが精いっぱい頑張った作品は，子どもたちの学習の記録であり達成感や自尊心そのものである。そのため，誤字や脱字がたくさんある作文や観察記録，朱の入った習字などの掲示は好ましくない。子どもたちの力を引き出し全員の作品が完成できるようにするため，作品作りを手伝うのではなく，作品作りのポイントを指導し，最後までがんばれるよう支援することが大切である。完成したきれいな状態で全員の作品を掲示する。薄い紙の作品などは台紙を活用し，セロハンテープは作品や壁を痛めるためできるだけ避けることが望ましい。

　掲示をする時は，作者である子どもたちの立場や気持ちを考えて，フルネームで名前を付け，作品と作品の余白を工夫し，曲がっていたり，重なったりしないように気をつけて整然と掲示するようにする。そして，一旦掲示した作品はなおざりにせず，はがれかけていたらその場で直すなどの気配りをしなければならない。作品掲示のスペースを学習成果の発表の場として活用し，子どもたちが掲示物を楽しみにするような場にするため，作品の掲示期間は1か月くらいとし，新しい作品に入れ替えるように心がけたい。

（槇場政晴）

## 清潔な教室環境：衛生面

洗い桶の利用

ごみを集める場所を示すと
効率よく掃き掃除ができる

　清潔な教室環境は気持ちよく学習するためには欠かせない。ほこりがいっぱいだったら，アレルギーのある子どもにとって劣悪な環境になってしまう。普段からきれいな教室で学習できるよう自ら掃除できる工夫をしておくことが大切である。掃き掃除は掃き始めにはごみが見えにくく，どこに向かって掃けばよいか分かりにくいなど非常に難しい活動である。そこで，床にビニールテープなどで枠を作ってごみを集める場所を分かりやすくしておくと，どこを目指して掃けばよいのか分かりやすくなる。枠に向かって掃いていくと枠の中にごみがたまってくるので，ゴミが集まったという実感をもつことができる。一方，給食時，机を拭く台拭きやそのほかの場所を拭く雑巾の区別をすることは当然だが，それらが混在しないように台拭きと雑巾のかける場所を分け，子どもたちが間違わないような工夫も大切である。洗い桶で台ふきや雑巾を洗わせると洗い桶の水が汚れるので，拭いた場所の汚れの状態と台拭きや雑巾の汚れが分かる。台拭きや雑巾の汚れ，洗い桶の汚れに気づかせることで，掃除の大切さも教えることができる。机の拭き方の指導や，台ふきや雑巾の洗い方の指導をする必要もあるので，拭き方や洗い方の指導をした後，コツやワンポイントの掲示もしたい。また，手洗いやうがいの方法などを洗面所の近くに掲示し，うがいや手洗いの方法を指導することも感染防止や清潔な教室環境づくりに欠かせないことである。

（槇場政晴）

# 個に応じた指導

## 自立活動の指導：小・中学部

**Bさんの実態**

| 健康の保持 | 心理的な安定 | 人間関係の形成 | 環境の把握 | 身体の動き | コミュニケーション |
|---|---|---|---|---|---|
| 薬の自己管理ができない。 | 気持ちの浮き沈みが若干ある。 | 人と会話することを好む。 | 状況把握に応じた行動がある程度できる。 | 姿勢が崩れやすく，疲れやすい。 | 言葉で明確に意思表示できる。 |

↓ 優先する項目を選定し，指導目標を設定 ↓

**Bさんの自立活動の目標**
- （健康の保持）食後に自分で薬が飲めるようになる
- （身体の動き）体幹を鍛え，座り姿勢を安定させる

　自立活動は「個々の児童又は生徒が自立を目指し，障害による学習上又は生活上の困難を主体的に改善・克服するために必要な知識，技能，態度及び習慣を養い，もって心身の調和的発達の基礎を培う」（平成20年度版学習指導要領）ことを目標とし，教育活動全体を通じて指導する領域である。自立活動の指導は「国語」で正しい言葉の使い方などの「コミュニケーション」についての指導をしたり，「体育」で各種の運動を行い「身体の動き」について指導したりするなど教育活動全般で行う場合と，時間割上自立活動の時間が設定される場合がある。

### ①知的特別支援学校の自立活動の考え方

　知的障害についてはその特性に応じた特有の教科等が設定されている。そのため，知的障害に対しては基本的に各教科等で対応し，自立活動では，知的障害に随伴する配慮事項や偏り（見る，聞く，話す，歩くこと等）の困難さへの改善克服につとめる。

### ②個別の指導計画に基づく指導

　自立活動は，個々の児童・生徒への対応が基本となる。そのため個別の指導計画の作成と指導計画に基づいた指導の実施が重要である。指導内容の選定に当たっては，自立活動の「内容」6項目のすべてを取り扱うのではなく，必要な項目を選定して取り上げる。例えば，歩行が不安定な児童の場合「身体の動き」が具体的な指導内容として選定される。

（鈴木敏成）

## 日常生活の指導③：排泄

図1　トイレが嫌にならない配慮

図2　お尻を出さずに排泄する方法

このようなカードを用いて，トイレ後の身だしなみも指導したい。

　排泄の指導は，年齢に応じて行うことが特に大切である。特に男子は，小学校高学年までに，一人できちんと用を済ませられると，異性の支援者との外出がとても楽になる。

　初歩段階では，時間を決めてトイレに連れていきオムツをはずすことから始める。この段階では，便器の冷たさや足元の不安定さでトイレが嫌にならないような配慮が必要である（図1）。

　トイレでの排泄が安定したら，男子の小用は立ってするようにし，安定したら早めに「お尻を出さずに排尿する方法」を指導したい（図2）。最初は，ズボンにひっかけて着替えが必要になることもあるので，寒くない時期から始めるとよい。将来，公衆トイレや職場のトイレでお尻を出して小用をすることのないように，小さいうちから指導を積み重ねたい。

　女子の小用と男女の排便の際は，拭き取りの手順を最初から丁寧に指導したい。ペーパーを適量取るやり方，丸め方などを，トイレに絵を貼る，「1，2，3クル」などの決まった言葉かけをするなどして分かりやすく伝える。特に排便の際は，不潔にならないような拭き取り方，ペーパーの汚れを見るやり方などにも注意し，しばらくは下着の汚れ等も点検するとよい。手洗いとハンカチの使用，身だしなみを整える指導も，この段階で確実に行うとよい。

　高学年までに，和式トイレの使用，女子の生理指導，スカートやフォーマルズボン（チャックから）での用足しも，段階を追って練習したい。

（鈴木敏成）

# 健康・安全の確保

## 宿泊学習における安全確保

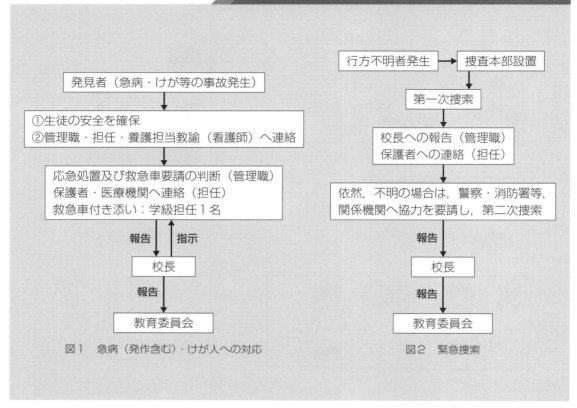

図1　急病（発作含む）・けが人への対応

図2　緊急捜索

　宿泊学習における安全確保について検討する際，次の2点について留意する必要がある。いずれの場合も，指導者間の連携を密にし，管理職の指示を仰ぎながら対応することが重要である。第一に，急病・けが人等が発生した際の対応である。児童・生徒の健康を管理するにあたり，事前調査により健康状態や配慮事項を把握しておくとともに，宿泊学習当日の登校後，就寝前，起床時等に健康観察を行い，健康状態を把握することが大切である。急病・けが等の事故が発生した際は，他の児童・生徒の安全を確保した上で，管理職・養護担当教諭等に連絡をし，管理職の指示を仰ぐようにする。その際，保護者や学校医，医療機関等への連絡も考えられるので，適切な情報の共有ができるように対応することが必要である。第二に，行方不明者が発生した際の緊急捜索である。児童・生徒の安全を管理するに当たっては，児童・生徒が無断で野外に出ないように配慮し，夜間の安全管理に当たっては，教師の中で不寝番担当を決めておく等，注意が必要である。行方不明者が発生した際は，管理職・担任等に連絡をし，管理職の指示を仰いだ上で，数人の教師で捜索を開始する。その際，児童・生徒を一か所に集め，残りの教師で児童・生徒の安全管理を行う。発見できない際には，警察等の関係機関への協力を要請するとともに，教師を増やして捜索を継続する。その際も，適宜本部と連絡を取り合うようにしておくことが必要である。

（吉野功祐）

## 食育に関する指導

食育の授業

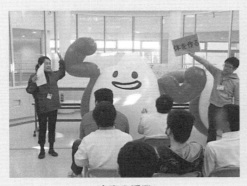

食育の授業

給食の配膳

　本校の食育は，「保健指導部，給食指導，食育指導に関すること」の担当者を中心に進めている。学校給食目標を踏まえ，「健やかな体と豊かな心の育成」を食育目標とし，全体計画を立案している。

　その中で，毎日の給食時間は，「日常生活の指導」として，手洗いの仕方について，食べ方について，食材の名前や色や形等の言葉や概念を育むための学習や，配膳等の係活動を行っている。さらに6月の食育月間や1月の給食週間には学校全体で，給食を題材にした三色食品群の色分けや，食に関する作品や絵，作文を製作展示している。

　また，食に対して関心を深め，日々の実践につなげることを目的に，担任と栄養教諭によるTTでの授業を行っている。内容としては，「給食の材料について（調理映像より）」，「学年学級で栽培したかぶやさつまいもやトマト等の野菜」，「調理実習に向けて正しい手洗いの仕方」，「味覚について」，「おやつのとり方」，「ファーストフードと給食との比較」，「食事の組み合わせについて」等をテーマにして，学部，学年，類型により工夫して行っている。

　年齢の幅も広く，発達課題，障害特性も様々な児童・生徒が在籍している中，食育は一人一人の確かな成長・発達を目指す大切な教育活動の一つとして学校全体で取り組んでいる。

（河村裕子）

# キャリア教育と進路指導

## 職場見学の振り返り：中学部

**中学部職場見学を活用した指導（例）**

| 項目 | 学校 | 職場（見学先） |
|---|---|---|
| 給料 | 無し | 月給がもらえる |
| 服装 | 自由（標準服） | 通勤時はスーツ，勤務中は会社支給の作業服 |
| 時間 | 8：45登校<br>15：50下校 | 8：30出勤17：00退勤<br>（忙しい時期は2時間位の残業有） |
| 休み | 土・日の週二日休み<br>春休み約10日間<br>夏休み約6週間<br>冬休み約2週間 | 土・日の週二日休み・夏季休暇10日間<br>年末年始休暇6日間<br>年次有給休暇10日間 |
| 周囲の人 | 同級生 | 様々な年代の年配社員が多数 |
| ルール | 挨拶・欠席連絡　等 | 会社独自のルール<br>言葉づかい<br>管理規則 |

　職場見学の実施後は，見学で分かったことや感じたことをまとめ，次回以降の職場実習や現場実習につなげていくことが大切である。
　まとめの内容は，以下のとおりである。
①学校と職場の違い→給料がもらえる，ルールやマナーが厳しい，スーツを着ている　等
②興味をもった仕事→パソコンの仕事がやってみたい，細かい仕事は苦手だ　等
③印象に残ったこと→仕事中は静かだった，やっていた仕事が難しそうだった　等
　まとめた内容をもとに，教師がサポートしながらクラスやグループで話し合いを進める。自分の意見を相手に伝えたり，人の意見を参考にしたりすることで，自分では感じなかったことや友達と同じ意見であることに気づくことができる。さらに，ディスカッションを通じて，自分にできそうな仕事，やってみたい仕事，苦手な仕事等を発見できるように促す。見学先は，一つの職場だけでなく，異なる複数の職場を見学することができるとよい。そのことにより，多様な進路選択の機会につなげることができる。職場見学を契機に，具体的な希望職種を挙げることができなくても，「体を動かす仕事」「物を作る仕事」「物を運ぶ仕事」などといった希望を挙げることで，生徒が仕事に関心をもって，自分の進路を主体的に選び，自ら決定するプロセスを大事にした指導が重要である。

（田村康二朗）

## 現場実習の振り返り：高等部

### 高等部現場実習の状況分析に基づく指導（例）

| 項　目 | 現状と課題 | 指導目標と手立て |
|---|---|---|
| 〈社会生活面〉<br>遅刻・欠勤，身だしなみ，健康管理等 | ・遅刻や欠席なく，10日間通うことができた。教師との待ち合わせにも決められた時刻に来ることができた。<br>・会社に入るときには，コートを脱いで入室するよう注意を受けた。 | ・2年生の現場実習に向けて，遅刻をしない，身だしなみを整える体調管理など，普段の学校生活から意識し生活する。<br>・職場に入るときは，コートを脱ぐ等のビジネスマナーを身に付ける。 |
| 〈作業面〉<br>報・連・相，柔軟性，持続性，意欲・目標意識，正確性，理解度等 | ・指示された作業を理解し，集中して取り組むことができた。<br>・メモ帳の活用が不十分であった。<br>・自分の仕事が終了後，ペアの方の仕事を手伝っていた。その際，「これもやりますか？」と尋ねることができた。 | ・作業学習では，様々な作業の経験を積み，手順の多い作業に慣れる。<br>・学校生活の中で，作業内容や手順はメモ帳に記入する習慣を付ける。<br>・様々な職種を経験し，自分の適性について理解を深める。 |
| 〈対人関係面〉<br>挨拶，言葉づかい，協調性，態度等 | ・初日の挨拶や自己紹介は，大きな声で行えたが，語尾がはっきりせず，名前を聞き返された。<br>・仕事の流れを理解して，テキパキと動くことができた。午後は疲れた表情になることがあり，ストレッチをしたり，机にもたれかかったりすることがあった。 | ・挨拶や返事は，相手にしっかりと伝わるように大きな声で，はっきりと言う。<br>・1日8時間，集中して仕事ができる体力や気力を養う。 |
| 〈その他〉<br>支援機関との連携，進路選択に関する事項 | ・就労支援センターの支援員が実習中の様子を見学し，職場の方と情報交換を行った。 | ・支援センターへの登録を促すとともに，支援センターの利用方法について学ぶ。 |

　現場実習の終了後は，生徒の実習中の様子をまとめ，次回の実習や就労後の支援に結びつける。その際，実習先からの評価表，教師の職場訪問時の観察記録及び担当者からの聞き取り，生徒が記入した「実習日誌」内容等を参考に記録しておくことが大切である。

　実習のまとめ（個別の進路指導計画）を作成する際は，以下の観点を基に，「現状と課題」と「指導目標と手立て」に分けて書くことで，今後の学習に役立てることができる。

①社会生活面➡遅刻・欠席，身だしなみ，健康管理　等
②作業面➡報・連・相，柔軟性，持続性，意欲・目標意識，正確性，理解度　等
③対人関係面➡挨拶，言葉づかい，協調性，態度　等
④その他➡支援機関との連携，進路選択に関する事項

　実習のまとめ（個別の進路指導計画）を，実習中の成果や課題を教師間だけでなく，生徒・保護者と学校とが共通理解を図るツールとして活用し，卒業後の就労生活について具体的に検討していくことが大切である。

　また，お世話になった現場実習先へ「お礼状」を作成する指導を忘れずに行う。この際，手紙の書き方を学ぶ機会ともなる。あわせて，担当した教師からも「お礼状」を作成し，次回以降の現場実習へのさらなる理解と協力をお願いしておくことも重要である。

（田村康二朗）

# 交流及び共同学習

**障害に配慮した交流及び共同学習の事例③：小学部**

**交流及び共同学習における
肢体不自由のある児童・生徒への配慮例**

①車椅子を押したり，体を支えたりするなどの移動に関する支援では，まず声をかけて，本人の気持ちを確かめる。物を取るなどの支援も同様。

②車椅子を押す場合には，基本的にはゆっくりとした速さで押すが，本人に確認しながら行う。段差や坂道については特に注意しながら支援する。

③支援については，必要に応じて，周りの人に尋ねたり，複数で対応したりして，安全に心がける。

④コミュニケーションをとる際には，相手の目線に合わせて腰を下ろす等の工夫も必要。

肢体不自由のある児童と小学生との交流及び共同学習の事例である。

事前訪問の授業で，車椅子に乗って移動する特別支援学校の児童の写真や生活の様子のビデオをじっくり見る児童たち。その後，実際に自分たちで車椅子に乗ったり押したりする体験を行った。身近な祖父や祖母の車椅子を押した経験があるという児童も数人いた。その後の質問では，車椅子の押し方についての質問が多く出された。やはり，自分が車椅子に乗って感じたことが大きかったのだろう。また，対象児童の好きなことや苦手なことなどの質問も出された。

交流会の当日は，校門から車椅子を押す時に，段差やでこぼこがないコースを自分たちで考えたということで，本当にスムーズな移動ができた。担任の先生に聞いたところ，何度も自分たちで校門から教室，体育館のルートを試乗しながら決めたということであった。また，自分たちで考えた活動では，対象児童が好きだというお菓子を一緒に作るという活動を準備してくれていた。お互いが楽しそうな笑顔で取り組んでいた。体育館でダンスを踊るところでは，車椅子を押す人，対象児童と手をつなぐ人，そして入れ替わるタイミングなど，実にスムーズであった。お話をする時には，車椅子に乗った対象児童と同じ目の高さになるように話すことなども，自分たちで話し合い決めたということであった。この学級の担任は，特別支援学校に授業を数回見にきて，自分の言葉で対象児童の様子をクラスに伝えていた。

（佐野貴仁）

# 保護者・関係機関との連携

**関係機関についての情報提供②―就労支援機関に関して―**

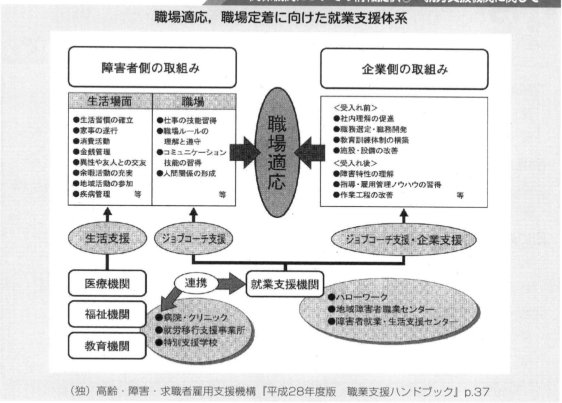

(独)高齢・障害・求職者雇用支援機構『平成28年度版 職業支援ハンドブック』p.37

　企業のCSR（企業の社会的貢献）や法令遵守，また，ハローワークの企業指導・支援，就労支援機関による企業支援により，障害者の働く環境や待遇は年々よくなっている。最新情報を生徒や保護者へ伝えることが大事である。

①企業情報について

　企業説明会・企業見学会を実施し，企業の実際を会社の方や卒業生から報告してもらう。様々な職種の企業の方を招き，仕事や支援の多様性や，新しい職種への広がりなど紹介する。

②就労制度の紹介

　ハローワークから障害者雇用の制度や支援事例，求人票の見方，労働基準法について説明をしてもらう。

③就労支援機関

　障害者就労・生活支援センター，就労支援センターは卒業後，学校に代わる支援機関となる。また，職業センターは，職業上の重度判定やジョブコーチ支援，準備訓練などを行う。これらのことを，授業や保護者会等で紹介する。

　保護者から，知りたい関係機関情報についてアンケートを取り，反映させるとよい。

(菊地直樹)

# 12月 学びの収穫期，結実する学び

## 今月のTODO

**学級事務**
- 学級経営計画の評価・見直し②
- 学校公開の準備

**環境づくり**
- 人権に配慮した掲示①
- 児童・生徒が成果等を確認できる掲示の工夫

**個に応じた指導**
- 個別の指導計画の評価②
- 教科の指導：算数・数学

**健康・安全の確保**
- 冬休みの過ごし方
- 季節に応じた服装：高等部

**キャリア教育と進路指導**
- 中学部の生活：小学部
- 高等部の生活：中学部

**保護者・関係機関との連携**
- 適切な就学に関する相談：小・中学部
- 進路指導面談の実施②：高等部

**その他**
- 情報機器の管理状態の再点検
- 所属校が行う地域支援の状況理解

 ## 学校生活

9月から続いた授業の日々も今月で一旦区切りを迎える。夏後半の9月から学びの秋の10・11月を経て収穫期を迎える。

11月から12月にかけては学習発表会，文化祭等の全校行事を行う学校が数多くある。9月からの学習の積み重ねに対する保護者の期待も大きく，授業から切れ目なく発表につなげるにはこの時期が適しているからである。

4月から新たに学校に加わって学ぶ児童・生徒の保護者には，9か月間の確かな成長を，進級した児童・生徒には，昨年度の同じ行事での姿から一段とたくましく育った別の姿をお見せし，その成長を分かち合う場が学習発表の目的の一つでもある。

 ## 学級経営の勘所

### ◯ 学級経営計画の評価と改善

この次期に，年度初めに作成済みの学級経営計画について，9か月経過後の学級の現状を反映させたい。そのためには，計画上のねらいの達成度を評価し，新たな目標設定や現行目標の

修正を加える作業が必要となる。その上で翌年1〜3月に学級として取り組む教育活動の内容を具体化する。その達成度が次年度の学級経営計画の基盤となる事を意識して，展開の準備にも取りかかりたい。

### ● 人権に配慮した掲示

学習発表会等の機会は，児童・生徒の作品や記録の掲示・展示を通して広く保護者や地域の方々に学校が進めている教育活動について理解啓発する絶好の機会である。その際，児童・生徒の人権に十分配慮する必要がある。個性尊重の名のもとに，単にありのままを展示するのではなく，一人一人が有するよさやその努力の過程を存分に表現できるような配慮が不可欠である。

例えば作文の展示では，誤字・脱字のないように教師が十分に指導を尽くすことが大切である。また，絵画や造形等の作品については芸術作品として尊重し，保護者の同意を得た上で，作者名や作品タイトルをきちんと表示する。また，作品そのものの破損が生じないように十分配慮して展示することも無論である。また見せるだけの一方通行でなく，参観者の感想や励ましが作者本人に届くような仕組みも取り入れたい。

##  仕事の勘所

### ● 年末・年始に各家庭で児童・生徒の成長を分かち合える評価や情報提供

4月から3月の1年のサイクルで動く教育界ではあるが，日本の感覚として年末には，1年を振り返り喜びを分かち合う国民性が息づいている。2学期制・3学期制の学校によって12月末の扱いは様々であるが，どのような学校にあったとしても，節目であることに留意して成長の記録を記した通知表，学級だより等を活用して十分に本人とその家庭と成長を共有する工夫に力を注ぎたい。その際，教育の当事者である本人にも十分に伝わるように，個々の理解特性に応じて「分かりやすく」「シンプルに」伝えるようにする。冬休み中に家庭で成長をかみしめるとともに，1月からの教育活動に対する希望を抱けるようにすることが肝心である。

### ● 年末・年始の事故防止につながる生活指導の徹底

年末年始の事故防止や健康管理等については，各校が在籍者の実態に応じて工夫している。終業式や学部集会等の場を活用しての講話や生活指導担当教師による寸劇を取り入れた指導等を工夫している学校も数多くある。その一方で，大人数の場では情報を十分取りづらい児童・生徒も少なくない。そこで一番身近にいる担任教師が学級での指導の中で，個々に応じた指導を加えることにより実効性のある指導を行い，学校全体での指導を補完することも大切である。さらに，保護者と連絡を取り合い，迷子対策や携帯電話の使い方や公衆電話の利用方法が身に付くように反復練習し，「救援の求め方」や防犯ブザーの使用練習等も必要に応じて行いたい。

(田村康二朗)

# 学級事務

## 学級経営計画の評価・見直し②

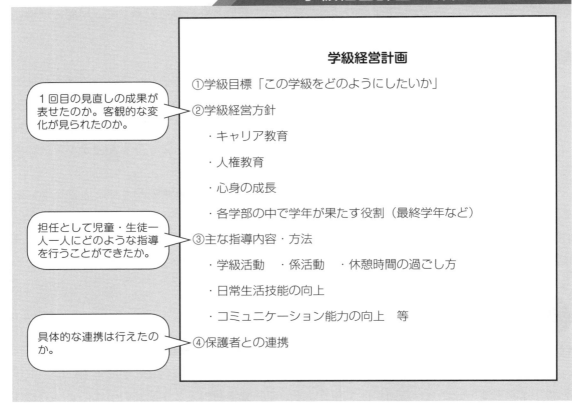

　さて，2学期末の2回目の学級経営計画の見直しである。評価ポイントと方法は1回目と同様であるが，2学期のさらなる児童・生徒の成長を目指して設定した学級づくりの短期目標を，達成できているかという点が焦点となる。

　また，2学期は宿泊行事などが設定されている学校も多く，宿泊行事に向けた学級活動や学年活動も設定されている。「自分のことを自分でやろう」というようなキャリア教育の個人目標を立てていることが多い児童・生徒に対して，学級ではどのように取り組んできたのかを評価する必要がある。荷物の取り扱いの上達は，日々の学級での荷物整理の積み重ねの成果である。そのために，どのような場所の構造化や補助具の使用などを考えたのか，考えなかったのかが成果に表れている。さらに，宿泊行事の成功に向けて保護者との連携は，担任としてどのように図れていたのかを十分に見直す必要がある。

　複数担任の学級においては，学級経営計画が担任間の視点を揃えるツールでもあることを，1回目の見直しの時に述べた。主担任と副担任の連携は円滑に進み，児童・生徒の成長を促せるものであったかという点も評価の重要な観点である。

　もう一度，児童・生徒一人一人の指導内容・方法についての具体的かつ客観的な評価を行い，3学期末の学級目標の達成に向けた見直しを行わなければならない。

（原島広樹）

## 学校公開の準備

### 全体説明会

○学校要覧や指導計画等の説明資料
○説明のポイントや手順，担当者等を決めておく
○資料等に基づき分かりやすく説明する
○学校見学の方法やポイントを説明する

### 学校見学

○教室環境を整える
　・校舎内の掲示物の整備，教室の清掃と整理整頓
　・玄関や下駄箱など，見学者を温かく迎えることができるようにする
○見学のポイントや説明内容を確認しておく
○保護者等への対応に留意する
　・服装，言葉づかい，人権に配慮した発言　等

　学校公開は，保護者以外の地域の方々に特別支援学校の教育内容を知ってもらう機会として行われるものであるとともに，保護者が就学先を判断する上で情報を得ることのできる重要な機会でもある。学校公開は，全体説明会と学校見学で構成されていることが多いが，担当者となった場合には次のような点に留意する必要がある。

　全体説明会では，学校要覧や指導計画等の説明資料を準備し，説明ポイントや手順，担当者等を決めておく。教育課程等の説明を資料に基づき，分かりやすく説明できるように工夫する。全体会の最後には，次の学校見学の概要，留意点や見学のポイントなどを伝えて，学校見学に円滑に移行できるようにする。

　学校見学会では，各学級の担任は，教室の清掃と整理整頓をし，担当者は玄関や下駄箱などを整理し，見学者を温かく迎えられるように準備する。見学の実施に際しては，単なる施設・設備の見学だけにならないように，案内をする者が見学場面における学習のねらい，学習活動の意味，教師の働きかけなどを説明できるようにしておく。案内者は服装を整え，言葉づかい，人権に配慮した言動を常に心がけ，きめ細かな対応を行う。

　特別支援学校は，地域の特別支援教育のセンター的役割を果たす学校として，近隣施設等の職員の参加も受け入れ，今後の連携の礎としていくことも重要である。

（原島広樹）

# 環境づくり

## 人権に配慮した掲示①

思う表現ができるよう支援する

全員の作品を展示した作品展

　人権を守るための標語やポスターを多くの人が目にする廊下に掲示し，人権を守るための学習を行うことは非常に大切なことである。一方，差別や偏見は，知らないことが原因となることが多くある。そのため，お互いの理解を深めるための環境づくりを進める必要がある。その方法の一つに子どもたちが製作した作品の積極的な掲示が考えられる。作品づくりに当たっては，指導のねらいに沿いながら子どもたち一人一人の能力や実態に合わせたアドバイスを行う。子どもたちが感じたことや考えていることなどが表現できるように作品の完成まで支援を行い，作品に自信をもたせることが大切である。そして，できあがった作品には，作品の良いところを見つけられるようにそれぞれの実態に応じたコメントを付けるとともに，すべての子どもの作品を同じく扱うよう心がけ，整然と掲示するようにする。

　作品の鑑賞をする時には，子どもたちがお互いのよさを発見できるよう指導し，友達の思いを知り，個性を認め合うことができる環境づくりをすることが大切である。一方，よくできた子どもの作品だけを掲示すると掲示されない子どもは傷ついてしまう。クラス全員の作品が掲示され，クラス全員の名前が掲示されることで自分もクラスの仲間であることを再認識することができる。友達の作品をめぐって友達の心を傷つけるような言動が見られたときは，見逃さず適切な対応をする必要がある。

（槇場政晴）

## 児童・生徒が成果等を確認できる掲示の工夫

葉っぱがまばらについた樹を作っておき，子どもたちができたことを書いた葉っぱを貼って豊かな樹に育てる

取り組んだこと，頑張ったことを壁新聞にして掲示する

　クラスの一人一人ができたことを認め合えるようにする掲示の例に「成長の樹」がある。樹の幹を色画用紙などで作っておき，月末や学期の終わりに頑張ったことやできるようになったことを一つ選んで一枚の葉っぱに書いて貼り，1年かけて豊かな樹を育てるようにする。子どもたち一人一人が先生やクラスの友達に認められていることが実感できるように一枚一枚の葉っぱに書かれた内容を皆の前で紹介し評価することが大切である。そうすることによって，友達の成果や良いところを知るきっかけにすることもできる。最後に先生が成長の花や果実を貼り付けるなどして「成長の樹」を完成させクラスの皆を褒めることも大切である。また，上記写真のように学期の振り返りを行い，頑張ったことや挑戦したことを壁新聞にすることも，成果等を確認させることができる掲示物となる。

　一方，がんばりシール表の掲示が広く行われるようになってきた。目標にしたことができたらシールがもらえるので，その場で達成感が味わえ，シールの数でどれだけできたか確認することもできる。しかし，がんばりシールは貼りっぱなしでは効果が薄れてしまうので，シールが集まったら褒められるなど，本人にとってよいことを決めておく必要がある。また，シールがもらえる条件やよくないことをしたときの対応など，分かりやすいルールをはじめに作っておかないとトラブルになってしまう可能性があるので注意をしたい。

（槇場政晴）

# 個に応じた指導

## 個別の指導計画の評価②

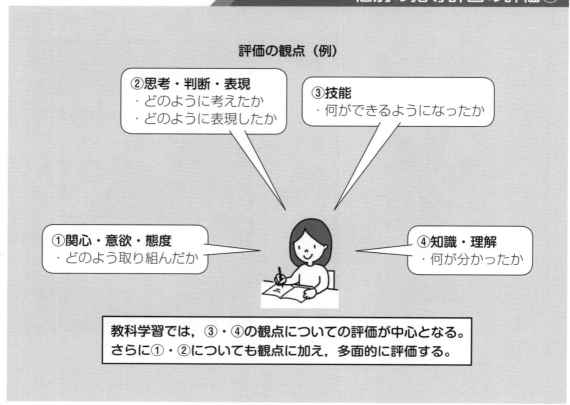

2学期は，学校生活も安定し，様々な面での成長が見られやすい学期である。学習の成果をしっかりと評価して保護者や本人へ伝え，1年間の学習のまとめの時期となる3学期に学習意欲をつなげたい。

①評価の観点

　学習評価は，「できるようになったこと」や「分かるようになったこと」などとともに，取組の過程や意欲なども観点に加え，多面的に行う。例えば「間違ってしまっても繰り返し問題に取り組み，意欲的に学習をしている」という姿は，現時点ではできていなかったり，理解できていなかったりすることでも，学習を進めることにより，できるようになる素地が十分にあることを示している。そのような意欲は積極的に評価し，「やる気」を原動力に「できる」「分かる」につなげたい。また，外部専門家のアドバイスを活用したり，量的データを活用したりして，客観性のある評価ができるようにしたい。

②3学期の「短期目標」の設定

　3学期は1年間の学習のまとめの時期となる。3学期終了時に「長期目標」を達成できていることが年度当初の計画である。「長期目標」達成のための最終段階としての「短期目標」という位置付けを明確に意識して3学期の「短期目標」を設定したい。

（鈴木敏成）

## 教科の指導：算数・数学

### 教材例

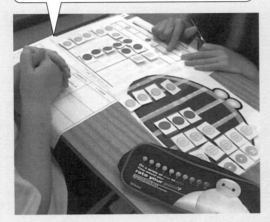

校外学習や調理学習の買い物など，実際に金銭を使う機会を組み合わせて学習

同じ金種を並べて貼れるようにしたり，大きめの財布のイラストを使用したりするなど教材を工夫

2種類の果物カードを弁別して数える

　算数・数学では，社会参加や自立するために必要とされる数量や図形についての理解を深めて，それらを生活の中で生かせるようにしていくことが大切である。

　学習指導要領では算数・数学科の内容は「数と計算」（小学部の算数では「数量の基礎及び数と計算」）「量と測定」「図形・数量関係」「実務」の4つの観点で示されている。暦や時計，金銭の使い方などの「実務」の観点が示されていることは大きな特徴である。

#### ①初歩段階の指導

　1対1で対応させる，同じものを集める，など数概念の基礎となる学習を，具体物や半具体物を用いて段階的に指導していく。数の学習の初歩段階では，指をさしたり触ったりしながら数唱（イチ，ニ，サン…）して数えられるようにしていく。物の集まりの数（集合数）の理解を深めて，数の合成・分解や量の概念へと発展させていく。

#### ②生活経験と結びついた指導

　どのような段階でも，生活経験と結びつけて指導をすることが大切である。例えば，時間を時間割や生活時程と関連付けたり，金銭を調理学習での買い物と関連付けたりして指導する。また，授業で学んだことを，生活の様々な場面で繰り返し取り組み直し，般化できるようにしていく。

（鈴木敏成）

# 健康・安全の確保

## 冬休みの過ごし方

「ほけんだより」より

### 手の洗い方　※30秒以上、流水で行なう

①液体せっけんを泡立て、手のひらをよくこする。
②手の甲を伸ばすようにこする。
③指先、つめの間を念入りにこする。
④両指を組み、指の間を洗う。
⑤親指を反対の手でにぎり、ねじり洗いをする。
⑥手首も洗い、よくすすぎ、よく乾燥させる。

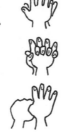

### せきエチケット

- せきやくしゃみをほかの人に向けてしない。
- せきがでるときは、できるだけマスクをする。
- マスクがない場合は、ハンカチ、ティッシュ、タオルなどで口を覆う。
- 手でせき・くしゃみを受け止めた場合は、すぐに手を洗う。

### 生活リズム5つのチェック

①朝寝坊をしていませんか？　学校のある日と同じくらいの時間に起きましょう。
②朝ごはんを食べていますか？　朝ごはんは脳のエネルギーのもとになり、脳の働きを活発にします。
③いつもと同じようにうんちが出ていますか？　朝ごはんは、体をあたため、トイレのリズムを整えてくれます。
④歯磨きをしていますか？　寝る前の歯磨きを忘れずにしましょう。
⑤夜更かしをしていませんか？　毎日夜更かししないように気をつけましょう。

　冬に気をつけたいのが感染症である。風邪やインフルエンザ等の呼吸器感染症や、ノロウイルスを原因とする感染性胃腸炎の流行が心配される。特別支援学校には重度・重複障害の児童・生徒も在籍しており、抵抗力が弱く、一度体調を崩すと重症化してしまう児童・生徒も少なくない。特に冬休みは、クリスマスやお正月といった行事が続くことから、人が多いところに出掛けることもある。せきエチケットと手洗い・うがいの実施、室内の換気をすることを心掛けたい。保護者に対する啓発として、12月の「ほけんだより」では、「手の洗い方」や「せきエチケット」について紹介している。

　また、指導が行き届きにくくなりがちな休み中に、家庭でもできることの一つとして、夏休みに続いて「歯みがきカレンダー」（p.86参照）の取組を実施している。

　冬休みは、家庭での行事が多いことなどから、早寝早起きの習慣が崩れる、暴飲暴食になるなど、生活の乱れも心配なところである。これらの注意事項も「ほけんだより」を通じて保護者に啓発するとともに、校内でも各学部の実態に応じて学級で指導を行っている。新学期が始まってからは、「ほけんだより」で紹介した「生活リズム5つのチェック」をもとに児童・生徒とともに休み中の生活について振り返り、学校生活の指導へとつなげていきたい。

（中岡美穂）

## 季節に応じた服装：高等部

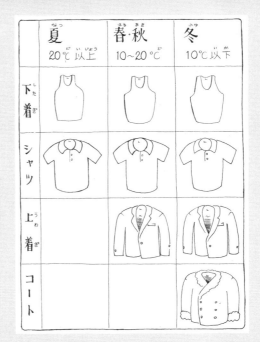

図1　季節に応じた服装を示したイラスト　　図2　季節や気温ごとのふさわしい服装をまとめた表

生活習慣や学習内容に合わせてイラストやカードを使用する。

　学校生活に適した服装とは動きやすい服装であることが大切である。動きやすい服装とは形だけではなく、その素材が大きく関わってくる。冬服は保温性に優れ、しわになりにくく軽量であることが望ましい。夏服は通気性に優れ、乾きやすいものが好まれる。我が国は四季折々に気温や雨量に大きな変化があるので季節に応じた服装について指導すると、健康管理にも役立ち、身だしなみを整える上でも効果的である。

　校内での服装は、制服や体操服など活動や外気温に合わせて枚数や着方の調整がしやすい。校外や家庭で着用する私服では状況や気温の変化に適した衣服を選択することが難しくなってくる。「夏は涼しく」「冬は暖かく」といっても体感温度の違いやこれまでの生活習慣で夏に厚手のパーカーを着用したり、冬に半袖シャツや薄いハーフパンツを着用したりすることがある。イラスト（図1）や写真等を使用しながら、職場への通勤や余暇を過ごすことを想定して指導する必要がある。季節や体感温度で衣服を判断するのが難しい児童・生徒には衣服着用の目安を図2のように示すことも方法の一つである。

　また、真冬になるとマフラーや手袋、コートを着用することによって保温効果を上げようとする児童・生徒が多い。下着の着用効果や清潔な衣服の保温効果等について具体的に指導することが、季節に応じた活動しやすい服装に気づかせる一途となるであろう。

（細内千恵子）

# キャリア教育と進路指導

## 中学部の生活：小学部

**中学部の生活に向けたステップアップ**

| STEP | 自分のこと | 相手のこと | 仕事に関すること |
|---|---|---|---|
| Ⅰ | 自分の良いところを見つける。 | 分からないことを聞くことができる。 | 身近で働く人々の様子に興味や関心をもつ。 |
| Ⅱ | 自分の好きなものを選ぶことができる。 | 家族の存在や家庭の役割に興味をもつ。 | 自分の仕事を最後までやり通そうとする。 |
| Ⅲ | 自分のことは自分で行おうとする。 | 相手の考えを聞くことができる。 | 家の手伝いや割り当てられた仕事，役割ができるようになる。 |
| Ⅳ | 自分で分からないことを調べたり質問したりする。 | 友達と協力して，学習や活動に取り組む。 | 時間やきまりを守り，作業の手順が分かる。 |

　中学部の生活においては，職業及び生活にかかわる基礎的スキルの獲得を目指すため，小学部では，生活にかかわる基礎的スキル獲得の時期である。具体的に，以下のようなスキルを小学部の段階で身に付けておくと，中学部の生活へステップアップし，つなげることができる。
　①自分の良いところを見つける。
　②分からないことを聞くことができる。
　③家族の存在や家庭での役割に興味をもつ。
　④自分の好きなものを選ぶことができる。
　⑤自分のことは自分で行おうとする。
　⑥分からないことを調べたり，質問したりする。
　⑦身近で働く人々の様子に興味・関心をもつ。
　⑧自分の仕事を最後までやり通そうとする。
　⑨家の手伝いや割り当てられた仕事，役割ができるようになる。
　⑩時間やきまりを守り，作業の手順が分かる。
　⑪友達と協力して，学習や活動に取り組む。
　⑫相手の考えを聞くことができる。

（田村康二朗）

## 高等部の生活：中学部

### 高等部の生活に向けて「心の準備～自分の気持ちを見つめる～」

| STEP | 自分のこと | 相手のこと | 仕事や進路に関すること |
| --- | --- | --- | --- |
| Ⅰ | 自分の良いところを見つけ，自信をもつ。 | 友達のよさや個性を知る。 | 社会にはいろいろな仕事があることを知る。 |
| Ⅱ | 自分の長所や短所を知る。 | 自分と相手の違いを知る。 | 情報を得るにはいろいろな方法があることを知る。 |
| Ⅲ | 自分に向いていることが分かる。 | 相手の考えを聞くことができる。 | 進路に関する情報に触れ，興味・関心をもつ。 |
| Ⅳ | 自分のやりたいことを選択し，進んで取り組む。 | 相手の立場に立って，考え，行動しようとする。 | 職場見学や就業体験に興味・関心をもって取り組む。 |

　高等部の生活においては，職業及び卒業後の家庭生活に必要なスキルの獲得を目指すため，中学部では，職業及び生活に関わる基礎的スキルの獲得の時期である。具体的に，以下のようなスキルを中学部の段階で身に付けておくと，高等部の生活へステップアップできる。

①自分の良いところを見つけ，自信をもつ。
②自分と相手の違いを知る。
③自分の長所や短所を知る。
④相手の考えを聞くことができる。
⑤友達のよさ，個性を知る。
⑥相手の立場に立って，考え，行動しようとする。
⑦情報を得るにはいろいろな方法があることを知る。
⑧社会には，いろいろな仕事があることを知る。
⑨自分のやりたいことを選択し，進んで取り組む。
⑩進路に関する情報に触れ，興味・関心をもつ。
⑪職場見学や就業体験に興味・関心をもって取り組む。
⑫自分に向いていることが分かる。

(田村康二朗)

# 保護者・関係機関との連携

## 適切な就学に関する相談：小・中学部

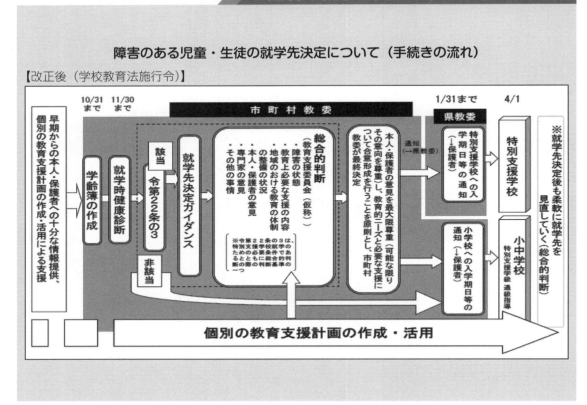

　平成25年9月の学校教育法施行令の改正により，障害のある子どもの就学先の決定の考え方等について大きな転換が図られた。

　具体的な内容として，いわゆる学校教育法施行令第22条の3に該当する障害のある子どもは特別支援学校に原則就学するという従来の就学先決定の仕組みから，障害の状態，本人の教育的ニーズ，本人・保護者の意見，教育学，医学，心理学等専門的見地からの意見，学校や地域の状況等を踏まえた総合的な観点から就学先を決定する仕組みになった。

　さらに，就学時に決定した「学びの場」は固定したものではなく，それぞれの児童・生徒の発達の程度，適応の状況等を勘案しながら柔軟に転学ができることが目指されている。

　特別支援学校の教師は，区市町村教育委員会が主催する就学に関する説明会や教育支援委員会等の委員として関わることもある。また，特別支援学校に在籍する保護者から小・中学校への転学等の相談を受けることもある。そのため，障害のある子どもの就学先の決定に関する法令等について理解し，就学期の子どもをもつ保護者等に対して，正確な情報提供ができるようにしておくことが求められる。

（岩本真奈）

## 進路指導面談の実施②：高等部

**進路決定までの道のり**

様々な進路先
企業就労：事務・物流・小売・飲食・清掃・介護・製造 他

通所支援
就労移行支援，就労継続A型・B型，生活介護

情報収集　仕事・作業を知り，自分を知る
- 1年　仕事調べ
  - 職場見学先
  - 作業学習
- 2年　力試し
  - 現場実習先
  - 作業学習

それぞれの現場実習後に自己分析
- 自分の強み
- 自分の課題
- 必要な支援
- その他大事な条件

3年　進路希望
- 現場実習先

↓

進路先

　この時期の進路指導面談は，今年度の現場実習等を総括し，次年度の計画の見通しを立てるためのものである。事前に進路指導部や作業学習の教師から，生徒の評価を確認してから面談に臨むことが大事である。

　1年生は見学や体験を通して様々な進路先や仕事があることを学んだ。それを整理し，次回の体験先の希望をまとめる。仕事や作業の分類表を作成し活用すると検討しやすい。

　2年生は，現場実習をとおして自分の適性を考える。自分の強み，課題，必要な支援（人や環境など）を整理する。そして，進路先の候補を，優先順位をつけて決めていくとよいだろう。

　3年生は，進路が決まるかどうかの大事な時期である。内定が得られれば，個別の移行支援計画を立てて実行していく。内定が得られなければ，計画を練り直すことになる。改めて良いところ，十分に力を出せなかったことは，支援方法とともに分析し改善を図る。

　進路指導面談の内容は個別の指導計画に加えて，日頃の授業で指導・支援に生かせるようにしたい。

（菊地直樹）

# 1月 1年間の集大成に向けた学びのまとめ

## 今月のTODO

**環境づくり**
- 冬を感じる掲示
- カームダウンスペースの確保

**個に応じた指導**
- 教科等を合わせた指導⑤：生活単元学習
- 教科の指導：音楽

**健康・安全の確保**
- 一人通学の指導：小・中学部
- 一人通学の指導：高等部

**キャリア教育と進路指導**
- 中学部体験：小学部
- 職業の選択：高等部

**交流及び共同学習**
- 障害に配慮した交流及び共同学習の事例④
- 障害に配慮した交流及び共同学習の事例⑤

**保護者・関係機関との連携**
- 連絡帳の活用②
- 移行支援会議の準備：高等部

**その他**
- 全校研究会に向けた準備
- 担当業務や指導に関する成果報告準備

 学校生活

　新年を迎えた清々しさと表裏一体で年度末業務が本格化する1月である。また，3学期制の学校においては最も短い最終学期の開始となる。

　この時期はさらなる学習の積み上げとともに，1年間の学習の集大成に向かって，まとめ始める大切な時期となる。

　多くの学校では，移動教室や修学旅行などの宿泊を伴う行事はすでに前月までに終えている時期であり，まとまった授業ができる最後の月間である。

　併せて，年間をとおして行う校内研究の最終段階としての指導実践の積み上げや，発表原稿のまとめ等も並行して行われる。

　また，翌年度の入学を検討している方のための就学相談や授業見学・体験入学も頻繁に行われる。一方，高等部においては，多くの学校で願書受付期間が1月に設定されることが多く，面接や学力検査などの準備も行われる。

**学級経営の勘所**

### ● 新年や季節感を感じさせる学級環境づくり

　新たな年を迎え，凛とした新鮮な気持ちを教室の内外にも感じさせる教室環境の整備や雰囲気づくりに努めたい。例えば，「書初め」の展示。新年の行事やお正月の遊びの解説や展示，「今年の抱負」の色紙展示等，児童・生徒の夢や意欲を引き出す担任のアイデアが期待される。また，学級活動にも新年ならではの取組を取り入れたい。

### ● 学級の協力・協働意識の結実に向けてのアクション

　4月より積み上げてきた学級づくりが最終ステージ近くに到達する時期である。児童・生徒の仲間意識，ともに認め合う相互理解の精神と相互協力の意識，ともに何かを成し遂げようとする協働意識，得手不得手や嗜好まで知り尽くした仲間同士が，ごく自然に補完し合う有機的な人間関係が完成期を迎えつつある時期である。別れがたいこの仲間同士でさらに何かを成し遂げる成就感とともに，皆との連帯感を再確認できる絶好の時期である。学級が一つになっての共同制作や新たな歌を選んでの合唱の取組なども企画してみたい。

 **仕事の勘所**

### ● 諸活動の成果が確認できる記録を収集整理

　学校として行われる全ての教育活動は年度単位で計画されており，その成果と課題や次年度に向けての新たな提案が各校の年度末のスケジュールに沿って求められてくる。例えば交流及び共同学習では，実施したことを単に成果とするのではなく，その効果を顕著に実感できるエピソード，画像・映像，感想文などを散逸しないように整理の上で保管し，まとめておきたい。各教科の学習，道徳の学習，生活単元学習，作業学習等，あるいは学級活動，係活動，児童会・生徒会活動，一人通学，様々な側面から成長の証や次年度への手がかりを見出しておきたい。

### ● 保護者への情報提供

　年が改まるとともに3月末に向けて，スピード感を増す学校の諸活動の情報について，初めて経験する保護者の存在も念頭におき，十分な情報提供を心がけたい。1月，2月，そして年度末の3月までを見据えて，関係する教育活動や諸行事についてのその意義やねらい，保護者に用意してもらう物などを早めに伝え，見通しがもてるように心がけたい。

　学級保護者会等の機会も活用し，各教育活動への理解を深めてもらい，理解から積極的な協力へ発展していくようにする。

（田村康二朗）

# 環境づくり

## 冬を感じる掲示

クラスの皆が乗ったベースの汽車を変更しないで背景を秋から冬のイメージに変更した例

子どもたちが見つけた冬

　冬には，子どもたちが楽しみにしているクリスマスや正月，節分など年中行事がたくさんあるので，明るく楽しい環境づくりに心がけたい。しかし，多くの子どもたちが楽しみにする冬の行事には宗教と関連するものもあるため，年中行事をテーマとする装飾や掲示をする時には，個人の信仰や心情に配慮し慎重に対応する必要がある。不要なトラブルを避けるため，クラス懇談の時に話題の一つに年中行事の取り扱いについて取り上げ，信仰や心情について連絡帳や個人懇談の場を利用して相談を受けるように配慮することが大切である。一方，冬は寒いので，どうしても教室で過ごすことが多くなりがちである。外で元気に遊ぶよう意識付ける環境づくりをしたい。また，インフルエンザなどの感染症も流行する時期なので，冬を感じる掲示としてはふさわしくないかもしれないが，手洗い，うがいなど感染予防に関するイラストやキャッチコピーなども重要な掲示内容になる。

　対象の子どもたちが文字を自由に使える場合，「子どもたちが見つけた季節」を発展させ，子どもたちに「季節を感じる言葉」を探させたり，「季節の言葉集め」を行うことも考えられる。子どもたちが見つけた季節を表す言葉を掲示し，クラスの話題に取り上げるようにすると子どもたちの季節に対する考え方や感じ方を知ることができるとともに，子どもたちの言葉に対する興味関心を高めることができる。

（槇場政晴）

## カームダウンスペースの確保

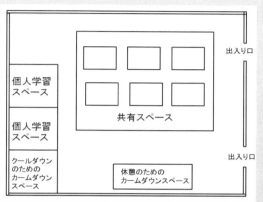
クールダウンは，干渉されにくい場所，
休憩はオープンなスペースに設置する

干渉を避けるカームダウンスペース

　カームダウンスペースは，予定の課題が終わった時に休憩したり，つらくなった時にクールダウンしたりする場所として，集団における人間関係の調和を保つために重要なスペースである。カームダウンスペースは，子どもによって利用するタイミングが違うため，学習スペースと切り離して設置する。クールダウンを目的とする場合は人に干渉されにくいように小部屋やつい立を利用して設置し，休憩の場合は子どもの様子が分かるようなオープンな形態で設置すると利用しやすい。カームダウンスペースをうまく利用できるようにするためには，「休憩したり，イライラしたり，つらくなったりした時に利用する場所」など具体的な利用目的を明確にし，利用する子どもには，学習の時間になったり落ち着いたりした時には，学習の場所に戻るなどのルールを事前に示しておく必要がある。さらに，周囲の人にカームダウンスペースを利用している人への関わり方について指導しておく必要もある。カームダウンスペースは場所の提供だけでなく，対象児が落ち着けるアイテムの用意も必要となることがある。
　一方，人がパニックになったり，直接的な行動を起こしたりするのは，自分の言葉で自分の気持ちを表現できなくなった時が大半であるため，自分の気持ちを表現できる力を育てていくことも重要なことである。

(槇場政晴)

# 個に応じた指導

## 教科等を合わせた指導⑤：生活単元学習

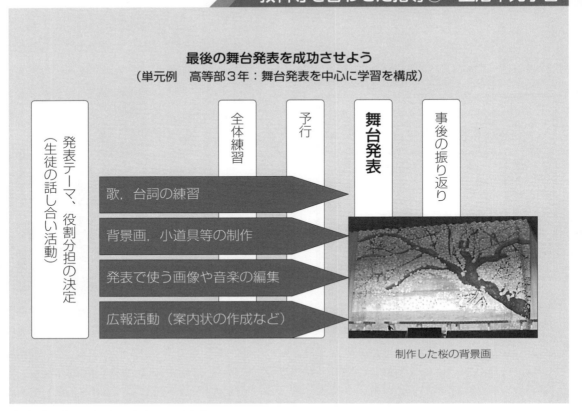

制作した桜の背景画

### ①実態の幅の大きい集団での活動

生活単元学習は，学年集団全員など，個人差の大きい集団で行われることが多い。実態の幅が広い集団であっても，一人一人に応じた指導を行うために，以下の点に配慮して，単元を構成する。

・役割分担をする

　個々の児童・生徒の力で「できる」「やり切れる」役割を分担する。役割の成果をお互いに賞賛しあえる機会を授業で作ることも心がけたい。

・小集団での活動を取り入れる

　内容によっては，小集団に分かれ課題に応じた活動に取り組めるようにする。小集団それぞれの活動が，全体での大きな活動につながるように単元を構成する。

### ②単元例　最後の舞台発表を成功させよう

高等部3年生の舞台発表を中心とした単元例である。個人差の大きい集団のため，役割分担をしたり，小集団での活動を取り入れたりして，単元を構成した。単元の実施時期が現場実習の時期と重なり授業に参加できない生徒も多かったが，他の生徒が役割を担うなど，協力しながら舞台発表の準備を進めた。桜が舞い散るステージで見事な発表ができた。

（鈴木敏成）

## 教科の指導：音楽

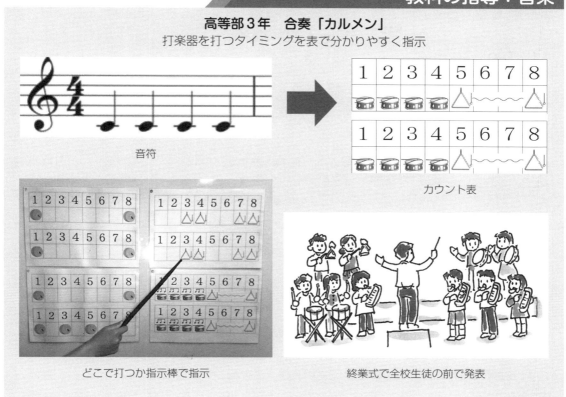

高等部3年　合奏「カルメン」
打楽器を打つタイミングを表で分かりやすく指示

音符

カウント表

どこで打つか指示棒で指示

終業式で全校生徒の前で発表

### ①音楽の指導

多くの児童・生徒にとって音楽はとても魅力的な活動である。小学部段階では，多様な表現や鑑賞の活動を幅広く体験することで音楽的な感受性を育て，情緒の安定や豊かな情操を養う。中学部では小学部での学習を基礎にして自己表現をより豊かなものとし，高等部では生涯を通じて音楽を楽しむことができるようにする。特に高等部段階では幅広い音楽活動を経験し，音楽的可能性の土台を広げることが大切である。

音刺激に過敏な児童・生徒に対しては，音源から離したりイヤーマフ（防音耳あて）を使用したりするなど，特性に応じた対応が必要である。

### ②指導例

「カルメン」の曲を学年全員で合奏した。音符を読むのが難しかったり，タイミングよく楽器を鳴らすことが難しかったりする生徒が多いため，4分の4拍子を8カウントにした表を教材として作成した。生徒はどの番号で担当する楽器を鳴らせばよいかが分かり，カウント表を見ながら，演奏ができるようになった。全校生徒の前での発表の機会となった終業式では，「カルメン」の軽快なリズムに合わせ，各パートが見事に演奏できた。発表の機会を設定して，賞賛されることを積み重ねることにより活動意欲が高まった。

（鈴木敏成）

# 健康・安全の確保

## 一人通学の指導：小・中学部

---

**一人通学の指導**

### 1　目的
・児童・生徒の自主性を養い，交通安全に対する意識を高める。

### 2　手順

**確認期間（練習期間）**
・保護者・担任で連携して安全面の確認をする。
（自主通学が可能であるか，確認する。）

**届出**
・「自主通学届」を提出する。（開始希望日の一週間前）
＊自主通学確認票も併せて提出する。

**開始**
・開始希望年月日より自主通学を始める。

### 3　その他
・自主通学をする場合は，名前，連絡先が分かるものを携帯させる。
・自主通学に向けては練習期間を設ける。担任と保護者で相談をし，練習を開始する。
・自主通学を始める時はスクールバスの介助員・添乗員に伝える。

---

　一人通学の指導の際，「何のために一人通学ができるようになるのか？」という目的の共通認識を本人，保護者，担任の三者でもつことが重要となる。将来，公共交通機関を利用して職場に通勤したり余暇を楽しんだりするために，まずは一人で学校に通学できることが必要となる。
　一人通学に必要な事項を挙げると次のようなことが考えられる。
①一人でスクールバスのバス停までの行き帰りができる
　　・帰りだけ，一人でバス停から自宅まで帰ることができる。
　　・交通ルールを守り，車や自転車に注意することができる。
　　・寄り道をせず移動することができる。
②休日や長期休暇中に，ヘルパーや保護者と一緒に学校までの行き帰りができる
　　・時計や時刻表の見方が分かる。
　　・ICカードの利用ができる。
　　・バス内でのマナーを守って利用ができる。
③休日や長期休暇中に，一人で登下校することができる
　一人通学への取組はスモールステップで，本人が自信をつけながら楽しんで進めて行くことが大切である。

（竹元恵美子）

# 一人通学の指導：高等部

　公共の交通機関が使えるようになり，一人での学校への通学が可能になると，将来の進路選択の幅が広がるだけでなく生徒にとって大きな自信にもつながるが，指導には次の三つのポイントが挙げられる。日没のことを考えると取組は夏くらいから始めることが好ましい。

①**自宅から学校までの地理的理解とそれまでの移動手段についての理解**
　地図や路線図で家から学校までの位置関係が分かり，乗り換えがある場合についてはどの路線とどの路線がどのようにつながるのかが視覚的に理解できていると安心感につながる。

②**精算方法についての理解**
　精算方法については，IC定期，IC乗車券，現金（切符購入を含む）で難易度が変わってくる。IC乗車券の場合，残高チェックアプリなどを利用し定期的に残金をチェックする習慣をつけておけば安心である。難しければ自動改札口を通る時に自分で確認をする習慣をつけたり，毎週決まった曜日に決まった金額をチャージしたりする方法でもよい。

③**予想しうるトラブルのシミュレーション**
　緊急時の連絡方法，乗車券などを忘れて家を出てしまったときの方法などや，バス内が混雑し降りたい停留所の前で合図のボタンに手が届かないときや，混雑で出口まで行けそうでないときにはどうすればよいのかなど，あらゆる場面を想定して指導を行うことが大切である。（西川美代）

# キャリア教育と進路指導

**中学部体験：小学部**

### 中学部と小学部の相違点（例）

| 理解すべき項目 | 中　学　部 | 比較：小　学　部 |
|---|---|---|
| 教育環境 | 中学部が利用できる特別教室<br>中学部の学級教室の雰囲気<br>1学級8人以内 | 小学部が利用できる特別教室<br>小学部の学級教室の雰囲気<br>1学級6人以内 |
| 学習内容（教科等） | 作業学習，現場実習（職業体験）<br>数学，保健体育，職業・家庭<br>中学部使用の教科書 | 作業学習なし<br>算数，体育，家庭<br>小学部使用の教科書 |
| 中学部生活 | 生徒会活動<br>中学部の係活動<br>標準服の着用<br>中学生らしい言葉づかい<br>部活動 | 児童会活動<br>小学部の係活動<br>服装自由<br>小学生らしい言葉づかい |
| 進路 | 高等部普通科・職業学科への進学に挑戦 | 中学部進学 |

　中学部の生活をスムーズに過ごせるよう，小学部の段階で（特に小学部6年生は）中学部の活動に参加し，中学部の生活を体験することが重要になる。次の学部に進んだ時を想定し，自分で中学部の生活がイメージできたり，見通しをもつことができると，新しい環境に抵抗感なく，スムーズに移行していくことができる。

　同じ学校内でも，小学部と中学部では，時間割や教科内容，学習活動の様子が異なるため，事前に中学部の生活を体験しておくことは，とても重要である。

　以下のような視点を意識し，体験できるとよい。

①中学部の教室の雰囲気
②標準服の着用や身だしなみ
③言葉づかい
④使用している教科書等
⑤中学部の特徴である「作業学習」の活動
⑥各授業の内容
⑦係活動
⑧自分の身の周りの整理整頓の方法

（田村康二朗）

## 職業の選択：高等部

### 職業の選択に向けた段階的な学習

| 学習項目 | 第1学年 | 第2学年 | 第3学年 |
|---|---|---|---|
| 自己能力 | 自分の得意なことは何か自覚する | 得意なことが生かせる仕事は何か考えてみる | 苦手なことはどうすれば克服できるか考えてみる |
| 職業興味 | 働くことに興味をもつ | 職種や仕事の内容に興味を広げる | 自分の関わる仕事に詳しくなる |
| 職業適性 | 仕事の内容には様々あることを知る | 仕事に応じた能力が必要であることを知る | 自分にあった仕事は何か考える |
| 職業全般の認識 | 社会人の生活の実例にふれる | 卒業すると自分も働く生活を送ることを知る | 自分の関わる職業の大切さに気づく |
| 様々な職業の理解 | 様々な職業の実例を知る | 多様な職業があることを知る | どの仕事も社会に大切な存在であることを知る |
| 希望職種の理解 | 自分の好きな仕事を挙げてみる | 自分に向いた仕事は何か考えてみる | どうすれば希望の仕事に就けるかを知る |
| 望ましい職業観の形成 | 先輩達の様々な就職の実例を知る | 自分も働きたいと思う | 働くことの意義を知る |
| 将来の生活設計 | 職業に応じた生活があることに気づく | 選択肢ごとの将来像を考えてみる | 就労してからの夢や目標を考える |
| 適切な進路選択 | 先輩達の様々な就労例にふれる | 選択肢に関して情報収集する（進路選択①） | 選択肢に関して情報収集する（進路選択②→進路決定） |
| 進路先への適応 | | 実習先への適応練習や実習準備をする | 通勤練習等の就労準備と新生活の準備をする |

　高等部における職業の選択については，単に職業の種類や自分にできることを学ぶだけではなく，日頃の学校生活における学習活動の中で，以下のような態度を身に付けることによって，自分に適した職業を選択することができると理解することが大切である。

①実習や職場見学を通して，いろいろな職業や生き方があることが分かり，もっと知りたいという気持ちをもつ。

②実習や職場見学を通して，いろいろな職業や生き方があることが分かるとともに，自分の課題が理解できる。

③仕事や働くことに積極的に取り組み，働くことの楽しさを実感する。

④実習や職場見学を通して，働くことの意義や働く上で必要なルールとマナーを理解する。

⑤将来の夢や希望をもつとともに，自分にふさわしい職業や仕事への関心を高める。

⑥社会生活にはいろいろな役割があることを理解し，その役割に責任をもつ。

⑦将来の夢や希望をもち，実現に向けて自己の課題を克服しようと努力する。

⑧自分の仕事に対して責任をもち，積極的に取り組み，最後までやり通そうとする。

⑨自分のやりたいこと，よいと思うこと等を考え，進んで取り組む。

⑩実習を通して，将来やりたい仕事を選ぶことができる。

(田村康二朗)

# 交流及び共同学習

## 障害に配慮した交流及び共同学習の事例④：小学部

**交流及び共同学習における自閉症である児童・生徒への配慮例**

①目で見て理解することができるという長所を生かせる環境設定を行う。

②興味がある特定のことには，とても意欲をもち主体的に取り組むことができるという長所を生かした活動を準備する。

③学んだことや一度覚えたことは忘れないという長所を生かし，支援にあたる。

④聴覚や視覚などに過敏性と鈍感性があることに留意して，支援にあたる。

⑤安心して活動に取り組むことができるような環境設定を行う。

グラウンドに出るドアに貼ってある遊具の写真。

写真カードをたたいて，「ここで遊ぼう」という表現。
教師に伝えられるようになったことを，友達にも伝えることかできた。

すべりだい　ゆうどうえんぼく
じゃんぐるじむ　つりばし

　自閉症スペクトラムの児童と小学生との交流及び共同学習の事例である。

　自閉症は，①社会性，②コミュニケーション，③想像力（こだわり）の３つの領域に発達の偏りがあることが特徴であり，また，聴覚や視覚，触覚などに過敏性があるなど，個々に困難さの状況が異なる。それゆえ，一日の生活の流れ，活動，人，関わり方等が普段とは異なる交流及び共同学習では，児童・生徒一人一人に合わせた配慮が特に必要になる。

　変化にとても敏感な児童には，まずは活動への見通しがもてるようになるため，いつ，どこで，誰と，何をするということが本人に理解できるような視覚的なスケジュールカードを作成して，身近なところに掲示をした。カレンダーにも見える形で記しておき，教師と一緒に「交流，楽しみだね」という言葉を添えて当日を楽しみにすることができた。その日の特別なスケジュールのミニ版は，ポケットにも入れておき，いつでも児童が確認できるようにした。

　発語はないが，教師とともにカードを使って，「ここで遊びたい」「ここで遊んだ」という意思を伝えることができるようになった児童が，ペアの友達に対して，３回目の交流の際に，自分から手を引きカードをたたいて知らせる姿を見ることができた。

　全ての児童に対する一人一人に合わせた適切な支援や配慮によって，本人のもっているよさを交流及び共同学習で発揮させ，楽しい経験をさせていきたいものである。

（佐野貴仁）

## 障害に配慮した交流及び共同学習の事例⑤：中学部

**交流及び共同学習における
視覚障害のある児童・生徒への配慮例**

①歩行ガイドなどの移動に関する支援では，体に触れる前に，まず声をかけて，本人の気持ちを確かめる。物を取るなどの支援も同様。

②歩行ガイドを行う場合には，歩く速さ等，本人に合わせ，確認しながら行う。

③慣れない場所や活動などの際には，あらかじめ言葉で状況の説明を行う。

④「ここにある」などの表現は避けて，「右手の横にある」などと，具体的に指示を行う。

⑤弱視の場合，一人一人の見え方が違うということを理解し，支援にあたる等。

　視覚障害のある中学部生徒と中学生との交流及び共同学習の事例である。生徒の感想をもとに述べていきたい。

　視覚障害特別支援学校の生徒数は，一般的に少なく，普段は少人数の中で活動している。中学校のような大きな集団で活動ができることは，大変楽しみであると同時に，生徒にとっては緊張する活動である。しかし，生徒の感想を聞くと，大勢の中で緊張しながらも発表がうまくできた時に起こる大きな拍手や，音楽集会で大人数での合唱の心地よさは大きな感動でもあり，自信につながったということである。

　全盲の生徒が中学生と一緒に歩くとき，ガイドの仕方が最初はとてもぎこちない感じがしたが，中学生が「この速さでよいか」と確認してくれたり，歩いている場所の景色などを説明してくれたりしたのがとてもうれしく感じたということだった。そして，次第に話し方も敬語から友達言葉になり，それとともにガイドもとてもスムーズになったと感じたということだった。休み時間には，好きな芸能人やゲームの話になり，はじめは不安だった気持ちが，楽しい気持ちに変わったということだった。後日聞いた中学生の感想も同じようなものが多く，「障害がある人」というよりも，「○○さん」と感じたという意見も多かった。「まずは生徒同士，関わることが大切です。」という担任の教師の思いが実った温かな交流だった。

(佐野貴仁)

# 保護者・関係機関との連携

## 連絡帳の活用②

| 月　　日　　排便時間（　　　　）＊前夜も含む　体温（　37.3度　） ||
|---|---|
| 家庭から | 学校から |
| 昨日は疲れていたようで，学童から帰ってきてからご飯も食べずに眠ってしまいました。体力はいつつくのでしょうか。体温は少し高めですが，元気です。 | 登校時，37.4度，給食前37.2度でした。学校ではあまり疲れた様子は見せず，元気に過ごしていました。体力については焦らず，本人の無理のないように，過ごしていきましょう。 |
| 【朝食】食欲　(有り)・無し | 【給食】食欲　(有り)・無し |
| 【睡眠】（ 21:00 ～ 6:00 ） | 【排便】有り・無し（時間　12:45　） |
| 【提出物】 | 【下校方法】 |

連絡帳例

　3学期の連絡帳は，これまで一緒に過ごしてきた児童・生徒の姿から，性格や特性なども踏まえてより深く踏みこんだ内容を記入するようにしている。そして，次の学年への展望や，今後の見通しを具体的に伝えることも大切である。

　また冬は，インフルエンザ等の感染症が流行する時期であり，体調を崩しやすい児童・生徒が多くいる。保護者記入欄より，担任する児童・生徒の家庭での体調の変化を知らせてもらう。睡眠時間，食欲，排便，体温などが基本であるが，必要な児童・生徒であれば，頓服薬の回数や時間，発作や癲癇を起こした原因なども記入してもらう。様子を知ることで，集団の中で一緒に学習する他児の指導上の配慮にもつながる。児童・生徒の健康状態に配慮しながら授業を進めていくことで，「この先生は体調不良時に無理をさせない人だ。自分のことを分かってくれるだろう」という信頼が生まれる。さらに保護者にとっても，わが子を大切にしてくれているという実感につながる。

　学校からは，体調の変化も体温や食欲の有無など，具体的に記入する。ただし，通院を要する体調の変化，けがを伴うような友達とのトラブルは，連絡帳よりも，電話で連絡することが望ましい。通院が必要な場合には，病院の予約などの迅速な対応を保護者は望んでいる。また，状況についての詳細なやりとりが必要なこともある。連絡帳は万能ではない。連絡帳と電話連絡を使い分けることでより細やかな対応ができる。

（紺野理鼓）

## 移行支援会議の準備：高等部

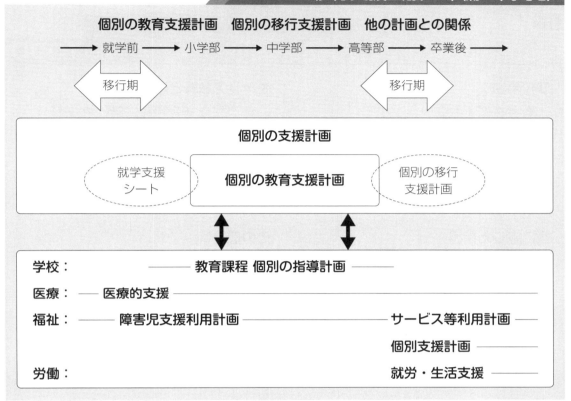

　卒業後，学校から社会への変化は大きい。環境の変化，子どもの制度から大人の制度への変化，保護者責任から本人の責任となる変化などへ対応するためには，計画的な指導や支援が必要である。そこで，あらたに，個別の移行支援計画が重要となる。

　個別の移行支援計画とは，「学校から社会へ」「子どもから大人へ」変化する時に，変化内容を十分に学んだ上で，生徒本人のニーズを基にして，支援内容と支援者の役割分担を明確化するものである。

　生徒が卒業後，主体的に個別の移行支援計画を活用できるよう，生徒本人が個別の移行支援計画を作成する授業を実施したい。進路指導面談も活用し，卒業後の仕事・くらし・余暇について希望と必要な支援をまとめていく。そして，卒業後に支援が整いチーム支援がスタートできるよう，登録等を済ませておく。

　障害者就労・生活支援センターや就労支援センターの在学中からの関わりは，センターにより異なる。現場実習から関われるのであれば，巡回指導や評価の話し合いに参加してもらい支援を引き継ぐ。難しい場合でも，現場実習の評価等を進路指導部から就労支援センターへ伝え，登録時に個に応じた計画がスムーズに立てられるように進めておく。

（菊地直樹）

# 2月 1年間の成長確認，学びの完成形

## 今月のTODO

**学校事務**
- 卒業関連事務
- 次年度引き継ぎ資料の作成

**環境づくり**
- 人権に配慮した掲示②
- 教室内の整理・整頓

**個に応じた指導**
- 教科の指導：高等部職業
- 教科の指導：体育

**健康・安全の確保**
- 病気の予防
- 性教育

**キャリア教育と進路指導**
- 就学先（中学部）体験：小学部
- 社会人の生活：高等部

**交流及び共同学習**
- 保護者の希望と評価の確認
- 学校間交流の計画立案

**その他**
- 担当分掌に関する次年度引き継ぎ資料作成
- 年度末通知表作成準備

 **学校生活**

　3月は卒業式・修了式に向けての教育活動中心となるため，平常の授業が計画できるのはこの2月までと考えた方がよい。ただし，3月のプログラムに向けた準備や練習も設定される場合もあることから，各教科等の単元計画に定めた時間数を確保できるように早めに予定確認をしておきたい。

　1月後半から2月前半にかけて，高等部に入学を希望する出願者向けの面接や学力等検査日が設定される学校が多い。また義務教育段階の就学相談や学校見学，そして就学先が決まった児童・生徒と保護者向けの教育開始に向けた説明会等も催される。教育活動とともにこれらも大切な学校業務である。

 **学級経営の勘所**

### ● 1年間の学習成果の発信　～人権に配慮した掲示～

　全校を挙げて行う公開研究会や全校研究もこの時期に行われることが多い。テーマに沿った作品や1年間の成果が分かる掲示を行う必要がある。その際，掲示・固定方法，作品名・作者

氏名の掲示など，児童・生徒一人一人を尊重し，人権に十分に配慮して行うことが重要である。はがれかけの絵画展示や教育活動の紹介説明のない展示，壊れている工作物，誤字・脱字があるままの作文の掲示などがないように，隣学級担任と点検し合う等万全を期したい。

### ● 教室内の整理・整頓

１年近く使用してきた教室の整理・整頓をこの時期にしっかり行いたい。特別支援教室に返却すべきもの，各家庭に持ち帰らせるべき作品類があれば，今のうちに済ませておく。また，学期末行事に保護者の参観も想定される。机・椅子・ロッカーの名前表示が消えかかっていないかについても確認し，不十分であれば直しておく。こうしたプロ意識が一人一人が大切に教育されている事への安心感を生み出していく。

### ● 基本的生活習慣の再点検

節目の時期をまもなく迎えるこの時期に，基本的な生活習慣を再点検し，一層の定着を図るためにきめ細かく指導したい。挨拶の習慣，服装と身だしなみ（ボタン，ファスナー，前後の向き，着こなし），清潔さ（髪，洗顔，手洗い，歯磨き），排泄（トレイの使い方，タイミング），校内移動（図書室，音楽室，体育館等に一人で行き来する），食事（挨拶，食べ方，偏食是正，箸類の持ち方・使い方，食器類の持ち方，配膳・下膳）など。

 **仕事の勘所** ------------------------

### ● 年間指導計画に掲げた学習事項を完結させる

３月を前に，担当する教科等の年間指導計画及び単元計画，そして学級経営計画等に示した指導内容を教え終えるように授業の組み立てや進度を調整していく。さらに学習のまとめをしておくことで児童・生徒が学習内容を系統的に理解し定着することにつなげていく。また，定着度を測るための小テストや発表も必要に応じて取り入れ，その結果を今後の自己の指導改善に活用していくことを忘れてはいけない。

### ● 学級の補助教材費会計等の適正な管理

学級での指導や学年行事等に利用してきた補助教材費会計に関して，清算日が各学校で定められている。その日に向けて余裕をもって会計処理ができるように，現時点での支出額を確認した上で，支出予定の品目・金額を洗い出し，収支の見通しをもち，適正に会計を閉じられるようにしていくこともこの時期の業務である。先輩格の教師によく教えてもらい，学校が定めた方法に準拠して進める必要がある。

### ● 年度末行事等の業務理解

この時期から行事当日に向けた分担業務の準備等が本格化する。新着任の教師として，資料によく目を通し，全体像を理解した上で，積極的に準備に関わり，業務を体得したい。異動者等の関係で，２年目からは係の責任者となったり，初任者に業務を教えたりする側にもなる可能性があることを自覚して，積極的に臨む必要がある。

（田村康二朗）

# 学級事務

## 卒業関連事務

### 卒業までの事務の流れ

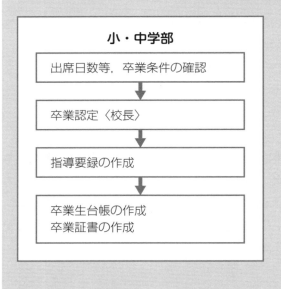

小・中学部
- 出席日数等，卒業条件の確認
- 卒業認定〈校長〉
- 指導要録の作成
- 卒業生台帳の作成／卒業証書の作成

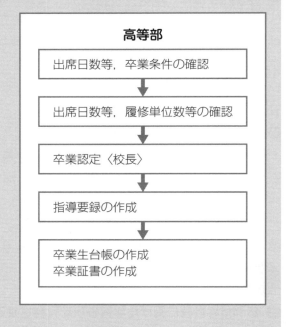

高等部
- 出席日数等，卒業条件の確認
- 出席日数等，履修単位数等の確認
- 卒業認定〈校長〉
- 指導要録の作成
- 卒業生台帳の作成／卒業証書の作成

　上記の事務の流れに加えて，卒業式（前日までの準備と当日の仕事）までの事務は，以下のようである。教務主任と連携し，副校長に確認しながら卒業式を滞りなく行えるようにしなければならない。
・卒業アルバム，卒業文集の作成　　・贈る言葉，巣立ちの言葉等の指導
・来賓への案内，祝辞の依頼
・卒業証書（氏名，生年月日，年号の表記等）の確認　　・各種賞状の確認
・学事報告，呼名簿等の確認　　・式場の確認（装飾，座席等）
・式次第の確認，国旗・国歌の準備　　・祝電の整理，掲示　　・卒業記念品の準備・確認
・登壇者，来賓席の配置等の確認（教育委員会，議員，地域の代表，関係団体，PTA 等）
・卒業学年保護者懇談会への対応
　卒業学年の担任と他学年の担任では役割が異なるが，学校行事の中で最も重要な卒業関連の事務は，全教師が力を合わせて行なうものである。何事もなく実施できることが当然の結果となるようにしなければならない。

（原島広樹）

## 次年度引き継ぎ資料の作成

| 個別の指導計画 | 個別の教育支援計画 |
|---|---|
| 様式Ⅰ<br>　児童・生徒の実態を記載<br>　　・学習面　・生活面　・健康面<br>　　・コミュニケーション能力　等<br>様式Ⅱ<br>　各教科・領域での目標と指導内容を記載 | ・児童・生徒のニーズの適切な把握<br>・支援内容の明確化<br>・関係機関との共通認識<br>・家庭と医療，福祉，労働等の関係機関との連携<br>・見直しによる継続的な支援 |

| 学校教育内での一人一人に合わせた指導内容・方法の充実 | 早期からの一貫した支援と一人一人のニーズに応じた支援の継続 |
|---|---|

　特別支援学校において，重要な引き継ぎ資料は個別の指導計画と個別の教育支援計画（学校生活支援シート）の二つである。担任はこの二つの計画を前年度の担当者から引き継ぎ，1年間の児童・生徒一人一人の指導を行ってきた。

　個別の指導計画は，特別支援学校では通知表の役割を果たしているところが多い。したがって，評価の二期制のところでは9月に評価し，三期制のところでは7月と12月に評価を行い，指導内容・方法の見直しを行っている。3月の最終評価では，これまでの評価を踏まえて，ここまでの1年間の児童・生徒の成長を様式Ⅰの児童・生徒の実態として記載することが最も重要な引き継ぎ資料となる。次年度，様式Ⅰに基づき一人一人に合わせた指導内容・方法の充実を図ることとなる。

　個別の教育支援計画は，保護者，本人からのニーズ調査の下に1年間の支援内容の継続と充実を求めて，活用されてきたものである。年度の終わりに当たっては，担任が保護者，本人とその成果を十分に振り返り，今後の本人の生活支援の充実に向けて本人を中心とした支援の輪を次年度以降も広げられるようなまとめを行っておく必要がある。

　この二つの計画の他にも担任は，児童・生徒一人一人に合わせた教材や教具を作成しているが，担任の変更などがある場合には，引き継ぎ資料とすることが望まれる。

（原島広樹）

# 環境づくり

## 人権に配慮した掲示②

感想の話し方のヒント

好きな本の紹介コーナー

　子どもたちの学力や体力の優劣を比較するような掲示や、個人を動物に例えたり、身体の一部分に例えたりするような言動は、大切な子どもたちの心を傷つけつらい思いをさせてしまう。このような人権を侵害するような表現がされていないか常に点検し、お互いに気持ちよくコミュニケーションができるように自分の気持ちを表す言葉や話し方、人の話の聴き方についての学習を普段の学校生活の中で行い、いつでも確認できるように話し方や聴き方についてのワンポイントアドバイスなどを掲示しておくことが大切である。また、友達のことを知り、相互理解と交流を深めることは人権教育において非常に大切である。そのため、今月の誕生日を迎える人の紹介や好きな言葉や本、音楽などを紹介するコーナーを設けることも友達のことを知るきっかけとなる。6月の学習意欲を高めるための掲示でも紹介したが、学習内容の理解が十分できていない子どものために、利用した教材や問題の解き方のポイントなどの掲示を行うことも、子どもたち同士で話をしたり教え合ったりするきっかけをつくることができる。子どもたちがお互いに認め合い、助け合うことができるような環境づくりを進めると、子どもたち同士の会話が弾むようになるとともに、落ち着いた気持ちのよいクラスとなる。そうなれば、誰かが困ったり、困難な場面に直面したりした時には協力し合い、助け合うことができる仲間づくりができる。

（槇場政晴）

## 教室内の整理・整頓

共用の文具の整理

教材の整理

　子どもたちの作品や写真は，子どもたちの学びの足跡である。学期やカテゴリーごとに分類し，子どもと一緒に時系列に並べて学習の歩みを一緒に確認しながら綴じたり，袋に入れたりして自宅に持ち帰れるように準備すると，子どもたちの成長を確認できるとともに子どもたち自身も自分を振り返ることができる。クラスの目標や個人の目標を外す時にも目標について話をする時間を設ける。この時大事なのは，どんな些細なことでもできたことを話題にし，その後次に頑張ることを考えさせることである。このように計画的に片付けを行うと，子どもたち一人一人に達成感や次年度の目標を意識させたり，期待感をもたせたりすることもできる。また，子どもたちと教室の整理整頓をすると１年間を振り返ることができ，何を引き継ぎ，何を廃棄すればよいのかということも見えてくる。

　年度末は，今年度の振り返りやまとめをし，次年度に向けて子どもたちに期待感をもたせる時期である。年度末には，教室移動などもある。教室で利用した文具や図書，掃除用具などの共用品は，普段からどこにどのように片付けるのか，しっかりルールづくりがされていると教材や遊具などの過不足や傷み具合がすぐに分かる。それらの点検を通して次年度のよりよい環境整備に生かしたい。

(槇場改晴)

# 個に応じた指導

**教科の指導：高等部職業**

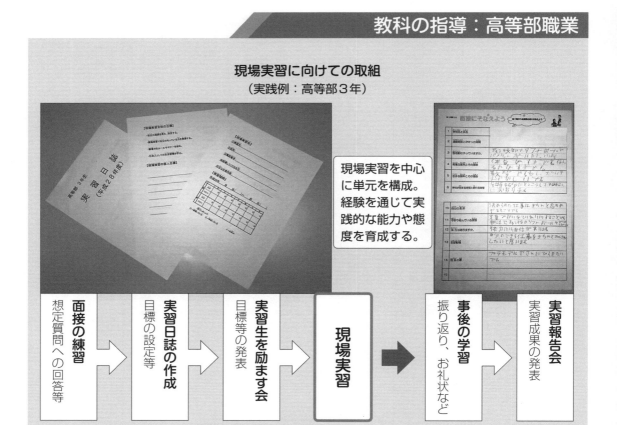

### ①高等部の教科「職業」

「職業」は，勤労の意義について理解するとともに，職業生活に必要な能力を高め，実践的な態度を育てることを目標にした教科である。職業で扱う内容は多岐にわたるが，進路に関する実践的な取組である進路先見学やインターンシップ，産業現場等における実習などの機会などを活用して，実際に体験できる学習を重ねていくことが大切である。実習等で実際に職場に通い，職場の人々とともに働く経験は学校での経験では得られない貴重な体験となる。例えば，挨拶の仕方を職業の時間に学習しても，学校生活ではあまり挨拶に変化がないことも多くある。しかし，実習やインターシップを機に，正しい挨拶を意識できるようになるなどの変化が見られることは多くある。また，職業生活に必要な健康管理や，より豊かな生活を送るための余暇の過ごし方なども大切な指導内容である。

### ②実践例　現場実習に向けての取組

実習前には面接の練習をしたり，通勤経路や勤務時間などを確認しながら実習日誌を作成したりして，実習に向けて見通しをもてるようにする。「実習生を励ます会」では，後輩たちの前で実習先や目標を発表して実習に向けての意欲を高める。実習後は「実習報告会」で，頑張ったことを発表したり，実習を通して学んだ働く意義などについてまとめたりする。（鈴木敏成）

## 教科の指導：体育

**指導例 ルールを工夫したキックベースボール**

| しゅび の ルール |
|---|
| 全員がボールに さわったら |
| **アウト** |

← ゲームのルール をカードで確認 →

| こうげき の ルール |
|---|
| アウトになるまでに走った塁が，とく点 |
| 1塁→1点 |
| 2塁→2点 |
| 3塁→3点 |
| ホーム→4点 |

・捕球したボールに守備をしている野手全員が触った時点でアウト。
・アウトにするために野手全員が必ず動かなければならず，十分な運動量が確保できる。

・野手全員がボールに触るまでセーフが続く。
・速くたくさん走ることで，高得点を得られる。
・点がたくさん入るので楽しくプレーできる。

　小学部では，楽しく運動したり遊んだりする経験を通じて，運動技能を高めるとともに，「きまりを守る」「協力する」「安全に活動する」などの生活への積極的な態度を身に付ける。中学部では，運動についての興味・関心を広げ，確実な運動の実施と全身的な体力の充実を図る。高等部では，将来の余暇活動としてのスポーツの継続も視野に入れて指導をしたい。そのためにも，体育・保健体育の授業では，スポーツは「楽しい」と思える経験を積み重ねたい。また，発達性協調運動障害や身体の麻痺，運動制限のある病気など，運動の実施に様々な困難がある場合には，医療機関等と連携して個別の指導計画を作成し，合理的配慮に基づいた指導を行う。運動制限については「学校管理指導表」を確認し，運動の実施を計画する。

**体育の授業で大切にしたいこと**

①運動の量を十分に確保する

　待ち時間が多く，運動量が少ない授業では，児童・生徒の運動意欲は満たされない。たくさん動くことは技能と体力の向上だけでなく「楽しさ」につながる。

②運動の楽しさを十分味わえるようにする

　競争をしたりゲームをしたりするなど「楽しい」と感じられる活動をたくさん用意する。ゲームでは，児童・生徒の実態に応じて楽しむことができるようにルールを工夫する。（鈴木敏成）

# 健康・安全の確保

## 病気の予防

ほけんだよりの例

　日頃から，児童・生徒の健康管理や病気を予防することは大切である。特別支援学校では，単なる風邪でも，重症化したり，回復に時間を要したりすることがある。教職員が，児童・生徒の元気な時の健康状態をよく知っておくと，不調や病気を早期に発見することができる。

　学級において，児童・生徒へ正しい手洗いやうがいの方法を指導する。必要に応じて，アルコール消毒剤を用いた手指消毒を行う。また，病気にならない強い体をつくり，抵抗力を高めるために，規則正しい生活についての指導も必要である。次に，学校環境において，特に冬場は空気が乾燥してウイルスが好む環境になるため，加湿器を用いて教室の加湿を行うことや適宜換気を行うことが望ましい。児童・生徒の多くは，スクールバスで通学しているため，バス内で感染を拡大させないための手立ても忘れてはならない。さらに，児童・生徒とその保護者に向けて，ほけんだよりや学校だよりを用いて，夏は熱中症，冬は感染症や食中毒等，その時期に注意したい病気の予防について啓発を行う。校内でインフルエンザ等の感染症が発生した場合には，学校医や管理職と連携のもと対応する。ノロウィルスに対しアルコール系の消毒剤は効果がなく，塩素系の消毒剤を用いる必要がある。病原菌に有効な消毒薬を用いて対処することが重要である。最後に，自分の罹患している病気を児童・生徒へうつさないために，教職員自身の健康管理も大切である。

（木村真規子）

# 性教育

写真1　実際に起こった事例をもとに，生徒達によるロールプレイを行い，問題点や改善点をグループごとに話し合う生徒達

写真2　自分と相手の命の尊さについて考えさせる授業の導入として，生徒に提示した教材。卵子と同じ直径0.1mmの穴を開けた，黒い名刺大のカードを光にかざす様子

### 小学部：児童期
- トイレ介助や更衣は同性の支援者が行う。
- 愛称ではなく，氏名で呼ぶ。
- 適切な距離を保つ。
- 家庭で過度なスキンシップをしていないか実態把握をする。
- 学校・家庭での取組を相互に連携し，支援を統一する。

### 中学部：思春期
- 二次性徴における体の変化について，学習する機会を早期に設定する。
- 自分の体の変化について見通しをもたせる。
- 異性への興味関心について，生徒の成長と捉えアプローチする。
- 異性との適切な関わりについて学習する。

### 高等部：青年期
- 性に関するトラブルを事例に挙げ，好ましい行動を取捨選択する力を付ける。
- 生殖機能について，正しく理解する。
- 生命の誕生の神秘さに触れさせ，自分や相手の命の尊さについて学習する。
- 多くの情報から正しい情報を選択する力を付ける。

生活年齢及び発達段階に考慮した支援・学習内容の設定（例）

　特別支援学校の児童・生徒に対する性教育は，生活年齢及び発達段階に考慮して適切な時期に適切な内容を取り扱うことが大切である。特に，高等部では，校内外で異性との関わりについてトラブルが多くなる時期である。普段より家庭と連携し，交友関係について把握しておくことも重要である。また，多くの性に関するトラブルは，学習の機会が与えられていないことから起こることが多い。性的なことへの興味や異性への関心についても成長と捉え，思春期の生徒たちの好奇心の対象から，学びの対象へと変えていく授業を展開していきたい。

　性に関する様々な事例を取り上げ，ロールプレイやデモンストレーションなどの体験型の学習を設定し，生徒同士で意見を出し合い，正しい性行動を選択する力や情報を取捨選択する力を身に付けさせていく必要がある。間違った情報を信じている場合は，情報を丁寧に整理することも大切である（写真1）。また，二次性徴における体の変化についても，早い段階で学習させることで，自分の体に備わっている機能や役割について知り，これから自分に起こる体や体調の変化を予測し，うまく向き合い乗り越えていくことができると考える。写真2は，穴から差し込んでくる小さな光の粒の大きさから，自分の命がスタートしたことに驚きと感動を与えるとともに，生徒の興味関心を引き寄せる視覚教材である。

（徳永和美）

# キャリア教育と進路指導

## 就学先（中学部）体験：小学部

**中学部入学体験**

| 項　目 | 特別支援学校中学部 | 比較：小学校特別支援学級 |
|---|---|---|
| 学校環境 | 小学部，中学部，高等部の３部があり，小学部児童から高等部生徒までが同じ校舎で学ぶ環境。 | 通常の学級の中に設置された学級内に，数名から数十名が在籍する環境。 |
| 学習内容（教科等） | 特別支援学校学習指導要領に基づくカリキュラム。<br>生活単元学習，作業学習等が特徴。 | 小学校学習指導要領又は特別支援学校学習指導要領に基づくカリキュラム。 |
| 通学手段 | スクールバス通学が多数 | 徒歩通学が多数 |
| 中学部生活 | 学級での指導<br>学年での指導<br>学部縦割りの指導<br>近隣中学校との交流及び共同学習<br>校内中高合同学習（行事等） | 特別支援学級内の合同学習<br>区内特別支援学級合同運動会・展覧会<br>校内通常の学級との交流学習<br>同学年との交流給食等 |

　地域の小学校（通常の学級及び特別支援学級等）から特別支援学校へ就学する際は，特別支援学校の中学部での体験が重要になる。地域の小学校（通常の学級及び特別支援学級等）と特別支援学校では，仲間の雰囲気や学習活動も大きく異なるため，新たな教育環境に慣れることが本人の不安や混乱の軽減につながる。

　新しい学校，新しい仲間，新しい学習活動に見通しをもち，スムーズに適応できるようにするために中学部体験は有効である。特別支援学校とは，どのようなところなのか，体験をとおして慣れておくことも大切である。

　①中学部の教室の雰囲気
　②標準服の着用や身だしなみ
　③友達の雰囲気
　④使用している教科書等
　⑤中学部の特徴である「作業学習」の活動
　⑥各授業の内容
　⑦スクールバスの様子
　⑧給食の様子

（田村康二朗）

## 社会人の生活：高等部

### 社会人の生活

| 分野 | 質問例 |
|---|---|
| 経済面 | 給料はいくらですか？<br>貯金はどの位していますか？<br>貯金はどの位，貯まりましたか？<br>生活費はいくらぐらいかかりますか？ |
| 職業面 | どのような仕事ですか？<br>どこが難しいですか？<br>仕事のやりがいは？ |
| 人間関係面 | 日頃は誰と接していますか？<br>会社の人間関係で気をつけていることは？<br>友達はいますか？ |
| 住居面 | お住まいは？<br>家賃はいくらですか？ |
| 余暇面 | 休みの時は何をして過ごしていますか？<br>趣味は何ですか？ |
| 生活面 | 食事はどうしていますか？<br>食費はどの位かかりますか？<br>学校で習ったことで一番役に立っていることは何ですか？<br>学校でもっと身に付けておけばよかったこと何ですか？<br>今，一番困っていることは何ですか？ |
| 将来面 | 将来の夢は何ですか？<br>この先のプランがあったら教えてください。 |

　高等部の生徒においては，卒業後の社会生活が間近になるため，より具体的な社会生活をイメージできるように，学習活動を計画していく必要がある。

　社会人としての生活を送るために必要なスキルや心構えなど，様々な視点で準備しておくことが重要になる。

　すでに卒業した先輩方から，話を聞いたり，相談にのってもらえる環境を授業として行うとよい。また，卒業生でなくても，地域の中で，上級学校へ進学したり，就職したりして，自立した生活を過ごされている方々から実生活に即した内容を話してもらう場を設定することも有効である。

①就職して苦労した点，良かった点
②日常生活の場面で工夫している点
③学校生活を過ごしているうちに身に付けておくスキル
④社会人の生活を送る上で大切なこと

　これらの話を聞いた上で，自分で聞きたい疑問点を直接質問してみることも，これから卒業していく高等部の生徒にとっては大きな力になる。卒業までの高等部生活の中で自分の目標をもち，社会人生活を意識していけるとよい。

(田村康二朗)

# 交流及び共同学習

## 保護者の希望と評価の確認

交流及び共同学習（支援籍※）希望調査書

1　交流及び共同学習の希望がありますか。
　どちらかに○をつけてください。

　　　　ある　　　　　ない

2　この1，2年の間に，居住地の小・中学校に行ったことがありますか。

　　　　ある　　　　　ない

3　1で「ある」と答えた方（希望のある方）は，次の項目にお答えください。
（1）どのくらいの頻度で居住地校の授業に参加したいと思いますか。
　　ア　学期に1回程度
　　イ　その他（　　　　　）
（2）どのくらいの時間，どのような授業・行事で参加させたいと思いますか。
　　ア　1・2時間　イ　半日　ウ　1日
　　エ　その他
　　どのような授業や行事（　　　　　）

（3）どのような目的で行いたいと思いましたか。

（4）保護者，あるいは地域での送迎が可能ですか。
　　保護者が可能　　その他（　　　　）

（5）交流及び共同学習希望者の住所，お名前等のご記入をお願いします。

　　　　　担当：本校コーディネーター○○

教育支援プランA（個別の教育支援計画）…抜粋

| | | 目標・機関名 | 支援内容 | 評価 |
|---|---|---|---|---|
| 教育機関の支援 | 所属校 | | | |
| | 就学支援委員会 | | | |
| | 支援籍・交流及び共同学習 | | | |

　交流及び共同学習の実施に当たっては，双方の学校同士が十分に連絡を取り合い，指導計画に基づく内容や方法を事前に確認することが必要である。また同様に，保護者とも面談等をとおして，希望や評価の確認をすることが大切である。

　上の表「交流及び共同学習（支援籍※）希望調査書」は，次年度の交流及び共同学習・支援籍（※障害のある児童・生徒が必要な学習活動を行うために，在籍する学校または学級以外に置く埼玉県独自の学籍）の実施に当たり，保護者・本人にその希望を聞くための調査書である。この調査書をもとにして，保護者・本人と担任・特別支援教育コーディネーターとで面談を行い，希望を確認する。支援籍の場合は，個々の児童・生徒の実態に応じた希望をもとにして進めていくため，希望する相手校，頻度や参加する授業や行事についても調査項目に入っている。この面談を経て，学部で確認した上で相手校との調整をしていく。

　次年度の希望の確認をする前（時期によっては同時進行）に，保護者と今年度の交流及び共同学習についての評価を確認する。多くの場合，実施したその後すぐ，担当は実施報告書を作成し，保護者は感想録を作成する。それをもとに，面談を実施し，その結果を個別の教育支援計画に設けられた項目に記述し，蓄積・引き継ぎをしていく。

（佐野貴仁）

## 学校間交流の計画立案

### 平成○○年度　○○特別支援学校　交流全体計画

| | | 小学部 | 中学部 | 高等部 |
|---|---|---|---|---|
| 学校間交流 | 相手校 | ○○市立○○小学校 | ○○市立○○中学校 | ○○県立○○高等学校 |
| | 日程 | ①平成○年○月○日（　）<br>②平成○年○月○日（　） | ①平成○年○月○日（　）<br>②平成○年○月○日（　） | ①平成○年○月○日（　）<br>②平成○年○月○日（　） |
| | 主な活動 | ゲーム，ダンス，遊具 | 合同お楽しみ会 | 作業学習と部活動交流 |
| | 備考 | 継続4年目となる<br>毎年，事前事後授業有り | 継続7年目となる<br>毎年，事前授業有り | 新規<br>事前授業有り，生徒訪問あり |
| 評価と見直し | | ・2回目で実施したペアで遊具を使って遊ぶ活動は，自然な関わりが見られよかった。次年度は，1回目から入れていく。<br>・今年は，事前に○○小の職員が研修として26名来校。学校全体の理解推進に役立ったとのことで，来年度も希望している。 | ・3年目から始まったお互いの生徒会本部を中心とした企画が軌道に乗り，生徒同士の話し合いも和気あいあいとしている。これは，大事に継続していく。 | ・今年度は○○のため実施できなかったが，来年度からは，○○高校も年間計画に位置付け，実施。<br>・1年目であり，すでに職員の数名が来校して，本校の授業を参観している<br>・まずは作業学習の合同授業を核に，可能な部活も実施していきたい。 |

　交流及び共同学習は，双方の学校同士が連絡を十分に取り合い，各学校の指導計画に基づく内容や方法を事前に検討し，各学校や障害のある児童・生徒一人一人の実態に応じた様々な配慮を行うなどして，計画的，組織的に継続した活動を実施することが大切である。

　各学校では，今年度の評価をもとに見直し，来年度のよりよい実施を目指して計画・立案していく。学校間交流は，毎年の積み重ねにより，お互いの関係性が深まり，双方のねらいがより達成される実践が進むと考えられるため，基本的には継続していくことが望ましいと思われる。特別支援学校は，児童・生徒一人一人の交流及び学習の教育的効果，例えば児童・生徒の経験を広め，社会性を養い，豊かな人間性を育てるなどの観点から次年度に向けて，日程や活動等を見直すことが大切である。また，同時に，交流する小学校・中学校・高等学校の児童・生徒と教職員に対して，障害者の権利に関する条約にある「人間の多様性の尊重を強化する」ということを様々な機会や場面をとおして伝えていくという観点からも見直しをしていくことがますます重要になっている。

　特別支援学校として，大事なことを学部，そして学校の組織として確認した上で，年度内に行われる交流校との打ち合わせに臨んでいきたい。

（佐野貴仁）

# 3月 学び得た成長の喜びを進級への期待に

## 今月のTODO

**学級事務**
- 学級経営計画の評価③
- 指導要録の作成

**個に応じた指導**
- 年間指導計画の改善
- 個別の指導計画の評価③

**健康・安全の確保**
- 春休みの過ごし方

**キャリア教育と進路指導**
- 将来の夢や希望：中・高等部

**交流及び共同学習**
- 交流校との次年度打ち合わせ
- 交流に関する評価

**保護者・関係機関との連携**
- 個別の教育支援計画の見直し
- 移行支援会議の実施：高等部

**その他**
- 不要個人情報の裁断処分
- 次年度体制の準備

 学校生活

　3月は，学校にとって年度末を迎える特別な1か月である。

　児童・生徒にとっては，1年間の学習内容を修得できたからこそ修了式を迎えられるのである。教師としては，指導の質・内容・成果が問われる月でもある。修了式で修了証を授与されることは，次年度の進級を約束されたのであるから，終章の意味だけでなく序章としての意味も自覚させたい。具体的には，4月からの学部・学年を想定させ，どのような行事があるか，一つ上位の学年として何が期待されるのかなどの自覚をもたせていく時期でもある。

　小学部6年間，中学部・高等部では各3年間の全課程を修了できたのであれば，その証として「卒業式」を迎えることができるのが学校教育の仕組みである。

　このように3月は学校としての教育の真価が問われる月である。その一角を新たに着任した「自分」が担っていることの誇りと責任を自覚して，指導と関連業務の遂行に力を尽くしたい。

 学級経営の勘所

● 学級経営の到達点にふさわしい環境づくり

1年間の学級経営の努力が到達点を迎える月である。1年間の振り返り（この学級で経験できたこと，楽しかったこと，印象に残ったこと，できるようになったこと）を絵画や作文などにして展示することも一つの方法である。また，4月からにつながるテーマ（例えば「○年生になったら私は」を取り入れて，先のステージを意識させることも一つの方法である。

### ● 卒業式に向けた学級活動

　学校全体が卒業式に向かっていく。送辞の練習，合奏・合唱・校歌の練習，在校生代表挨拶の練習，卒業記念品作成，寄せ書きづくり……。在校生全体で取り組むべきことも，基礎単位としては学級での準備・練習が下支えしている。1年間培った同級生の協力意識を，やるべきことをとおして再確認する好機会である。さらに在校生として臨む卒業式そのものから学校教育のゴールを事前に学び，その重みと憧れを内在させていく場となっている。

### ● 修了式に向けた学級活動

　修了式で終える1年間の教育活動を目前に，「まとめの会」「学年・学級としての学習発表会」などの学年や学級独自の企画を工夫し，保護者も交えて成長を確認し，讃える場とすることもできる。学級の個性を生かしたゴールインを考えたい。

## 仕事の勘所

### ● 年度末の業務を計画的に履行

　特別支援学校に新着任した教師にとって，初めて経験する多岐の業務をできるだけ早く把握し，進行管理をしっかりすることが肝心である。個別の指導計画の評価作成及び次年度計画の素案づくり，年度末通知表（修了証）の作成，指導要録の記載，卒業学年であれば，さらに卒業生台帳の記載や卒業証書の押印，さらに卒業アルバム・卒業文集作成に関わる分担業務も想定される。また，在籍者の個人ファイルの整理（不要資料の裁断処分や資料追加）を行い引き継ぎに備える必要がある。

### ● 学級の明け渡しに向けた業務

　学級環境の整理も行う。新たな担任に新教室を引き継げるように，不要物の廃棄，物品の返却，作品の持ち帰り，清掃も欠かせない。新年度準備日程との兼ね合いから修了後のできるだけ早い時期に終わらせたい。

### ● 次年度体制準備

　学校では，3月中旬から，現行業務と並行して新年度の体制構築に関する業務が本格化する。新校務分掌の打ち合せ及び担当する分掌の担当業務内に関する新年度計画の立案，新編成に基づく学級経営計画，教科等の担当する授業の年間計画，教育支援計画，個別の指導計画の立案，入学式準備等が想定される。また新学級への物品移動や整備も担任が行う業務である。

（田村辰二朗）

# 学級事務

## 学級経営計画の評価③

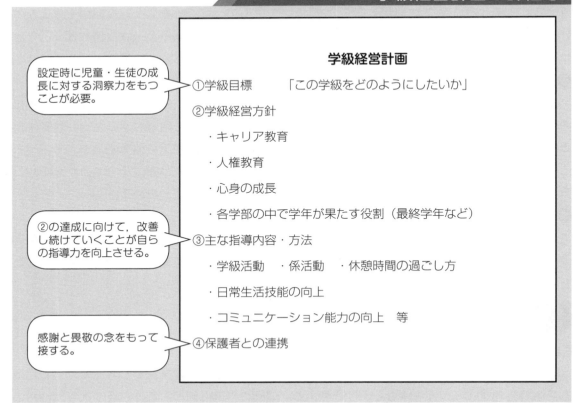

　さて，いよいよ最終的な学級経営計画の評価である。3学期末，3回目の見直しでは学級目標は達成できたであろうか。

　本書が初めて特別支援学校の担任となって学級経営に臨んでいる先生に読まれているのであれば，それは難しいことであったろう。もしも学級目標を達成できたと思えるならば，それはよい先輩教師に恵まれ，保護者との連携が円滑にいったのであれば，素晴らしい保護者の方に出会えたといえる。

　数名とはいえ一人一人の個性が強い特別支援学校において，学級としてのまとまりを作り，児童・生徒が当初考えた目標を達成できたと思えるには，学級経営計画の作成時点で経験からくる洞察力がなければならない。そうなるためには，1回目，2回目の見直しの時に述べた具体的かつ客観的な評価を何度も繰り返して，児童・生徒の段階的な成長に教師としての指導に対する洞察力を磨いていく必要がある。

　初めての学級経営で，自分の指導内容・方法が児童・生徒一人一人の成長を十分に引き出すことができたかについて真剣に考える必要がある。どのような段階的指導を行っていけば，児童・生徒同士にうまく関わりをもたせ，学級がさらなる児童・生徒一人一人の力を引き出せる小集団となるのか考え続けていくことが，担任としての力を向上させるのである。　　（原島広樹）

# 指導要録の作成

```
様式1「学籍の記録」
　学級・整理番号
　氏名・性別
　生年月日
　現住所
　保護者氏名
　保護者住所
　入学 転入 転学 卒業
　学校名・所在地
　年度　校長氏名
　　　　担任氏名
```

```
様式2「指導の記録」
　氏名 学校名 学級
　　　　　　　整理番号

　各年度の各教科・特別活
　動・自立活動等の記録

　氏名
　行動の記録
　総合所見及び指導上参考
　となる諸事項
　出欠の記録
```

　指導要録は，教師が児童・生徒の記録として作成する文書の中で最も重要な公簿である。指導要録は，指導に関する記録が5年保存，学籍に関する記録は20年の保存であることからも，その重要性が分かる。現在，東京都では指導要録は電子化され，転出入生の要録以外は紙で取り扱うことはなくなったが，多くの都道府県又は自治体では自筆で記載するものである。

　担任は，年度の初めに様式1「学籍の記録」を記入し，様式2「指導の記録」を年度末に記入する。この時，様式2はその年度の指導の記録であるので3月31日までに必ず記載しなければならない。

　様式2の各教科・特別活動・自立活動等の記録は，個別の指導計画の内容をもらさず，簡潔にまとめることで記入できる。ここで大切なことは，児童・生徒がどのような支援をすれば何ができるかを記載することである。1年間の指導の成果を記載しなければならない。

　行動の記録についても同様であり，どのような支援によりどの程度落ち着いた行動が身に付いたかを記載する。総合所見及び指導上参考となる諸事項は，児童・生徒をキャリア教育的な視点で見るなどして，教科等の記録では表せないコミュニケーション能力や人間関係，興味関心などについて記載することが必要である。1年間の担任としての指導成果がこの一枚に凝縮されたものになるように記載しなければならない。

（原島広樹）

# 個に応じた指導

## 年間指導計画の改善

### 年間指導計画の評価の観点

**ねらいや目標は適切だったか**
・児童・生徒はどのように学習できていたか
・目標を概ね達成できたといえる学習成果があったか

**学習環境は適切だったか**
・教室環境
・教師数
・教師と児童・生徒の関係性　等

**単元（題材）配列，単元構成は適切だったか**
・配当時数
・実施時期
・単元ごとの目標
・使用教材　等

**指導者間の連携は適切だったか**
・TTの教員
・クラス担任
・外部専門家　等

**保護者や本人のニーズを受け止めていたか**
・合理的配慮の視点
・卒業後の生活を見据えた支援　等

　各教科等の1年間の指導計画である「年間指導計画」は，「個別の指導計画」とともに年度末に評価を行う。児童・生徒の学習の評価は「個別の指導計画」の評価により保護者等へ提示するので，年間指導計画の評価は主に「教師の指導の評価」となる。上記の項目を踏まえ，1年間の指導を振り返り，次年度へ向けて指導の改善点を明らかにすることは，授業力の向上につながる大切な機会となるのでぜひ丁寧に行ってほしい。

①単元ごとの評価
　年度の最後に行う総括的な評価は，単元ごとの評価を元にして行うことにより，より次年度へ向けて役に立つ評価となる。単元が終わった段階で単元を振り返り，単元ごとに評価を繰り返し行う。その際にTTで授業をともに担当している教師たちと話し合い，単元のよかった点や，改善すべき点などを複数の教師の視点で考えるようにすることが大切である。

②引き継ぎ資料としての有効性
　多くの教師が授業を担当する特別支援学校では，次年度に同じ教科等の同じ学習集団を担当できないことも多い。年間指導計画の評価は次年度担当する教師への有効な引き継ぎ資料となる。次年度担当する教師が前年度の指導を踏まえて指導を開始できるように，使用した教材や児童・生徒の学習成果物やテスト結果なども引き継げるようにしたい。

（鈴木敏成）

## 個別の指導計画の評価③

「児童・生徒の学習の評価」の観点
- 関心・意欲・態度
- 指導・判断・表現
- 技能
- 知識・理解

記述による評価とともに数量的な評価(できるようになった回数や達成率,頻度など)も表記することで,到達点が明確になる。

指導と評価の一体化

「教師の指導の評価」の観点
- 実態把握は適切だったか
- 目標は適切だったか(高すぎたり,簡単すぎたりしていなかったか)
- 指導内容は適切だったか(難易度,量,時間,使用教材等)
- 合理的配慮がなされていたか
- 「学習集団」や「学習形態」は適切であったか

　学年度末の評価は,1年間の学習成果の評価であるとともに,次年度に向けての引き継ぎ資料となる。1年間の学習経過で,できるようになったことや分かるようになったこと,大きく成長したのはどのようなことか,目標に照らしてしっかりと評価したい。また,課題となることについても示すことで,次年度への有効な引き継ぎ資料となる。

### ①教師の指導の評価

　評価は,児童・生徒の学習評価であるとともに,「教師の指導の評価」でもある。年度末の個別の指導計画の評価では,1年間の指導の経過を振り返り,「教師の指導の評価」をしっかりと行い,次年度へ引き継ぎたい。副担任やTT担当の教師など,該当児童・生徒の様子をよく理解している複数の教師と話し合って評価をすることが大切である。

### ②教科等別に授業担当者が評価する場合の留意点

　中学部や高等部では,教科等ごとに授業担当者が個別の指導計画の作成と評価をすることが多い。学級担任は各教科等の担当者が作成した評価を踏まえた上で,重点目標についての評価をすることが望ましい。担任教師との関係からだけでは見えていないことも多く,複数の教師による様々な状況での評価を踏まえることにより,生徒の全体像が明らかになり,適切な評価ができるようになる。

(鈴木敏成)

# 健康・安全の確保

## 春休みの過ごし方

| 春休みの生活　「自分のチャレンジ」 ||
|---|---|
| ①朝早く起きる | （　）時に起きる |
| ②歯をみがく | |
| ③宿題をする | 内容「　　　　」 |
| ④ゲームの時間を決める | （　）時〜（　）時 |
| ⑤運動をする | なわとび100回！！ |
| ⑥夜早く寝る | |
| ⑦家の手伝いをする | |

自分の目標を選ぶ

**保護者の皆様へ**
**治療や受診の良い機会です**

　もうすぐ春休みです。健康診断で治療や相談を勧められ，まだ受診がお済みでない場合は，是非この休みを利用してください。
　受診された場合，検査や治療，相談結果等をお知らせください。
よろしくお願いします。

保護者への案内

　学年末に設定されている春休みの過ごし方（基本的生活習慣）について，春休み後の学校生活がスムーズに始められることを念頭におき，児童・生徒，保護者と春休みの過ごし方について確認をしたい。

　高等部1，2年生では，起床時間について確認をしたい。春休み後の学校生活がスムーズに始められるよう，通学時と同じ起床時間を設定したい。春休みの日中の活動については，生徒の実態を考慮した課題（作業的な内容や学習的な内容等）を準備し，生徒の実態や課題克服に向け春休みに取り組むことを生徒，保護者に説明，確認を行い春休みに取り組んでもらう。作業的な内容では，家の手伝いやボタン付け練習等，生徒の実態によっては調理を課題とすることもある。

　高等部3年生は，卒業後の進路先の日課に合わせた生活を送ることで，新しい活動場所での生活の準備ができる。自宅から進路先や送迎のバス停までの道順や公共交通機関の利用方法等の確認をすると，4月から新しい生活が始まることを生徒が意識することができ意欲も高まる。

　また，保護者へ治療や受診を進める機会にもなる。新学期の生活に通院がなるべく影響しないように，長期休みを利用することは有効である。新たに医療機関に掛かったり，相談に行ったりした場合には学校への報告も合わせてお願いしておく必要がある。

（佐々木和宏）

# キャリア教育と進路指導

## 将来の夢や希望：中・高等部

「将来の夢や希望」

- STEP1　自己理解
- STEP2　進路情報理解
- STEP3　望ましい職業観の形成
- STEP4　将来の生活設計　→　将来の夢や希望
- STEP5　適切な進路選択　→　進学，企業・福祉就労の決定
- STEP6　進路先への適応　→　就職準備・新生活準備
- Next STEP　社会人としての生活の中で育む「将来の夢や希望」

　中学部・高等部の生徒において，自分の将来の夢や希望をより具体的にイメージすることができるよう，段階を踏まえて準備していく必要がある。

　中学部については，高等部の現状に関する情報だけでは将来のイメージが固定化しやすいことに十分配慮し，本人の興味・関心・能力に応じた情報提供を一層工夫する。また，就職及び進学の両面から情報収集できるように，卒業後の多様な選択肢（就職先，進学先，労働訓練機関等）について知る機会を設ける。自分の将来の夢を実現するためには，「現時点で何をするべきなのか」と，自らの課題や目標を考える機会をもてるようにする。さらに，将来の夢や希望に向けて新たに挑戦していく意欲を持ち，努力しようとする力を育むことが大切である。

　高等部については，卒業後に直面する様々な課題に対応できるように，実際的な場面での経験を積み重ねながら，応用力を育て，自らの将来の夢や希望を実現できるようにする。進路希望については，必要に応じて具体的に達成可能な進路希望に変更するなど，進路計画を修正・変更し，新たな準備を開始できるようにする。そして，理想と現実の差異を把握しながら，困難を克服し改善するスキルを身に付けるとともに，生きがい・やりがいを感じながら，自己を生かせる生き方や進路を現実的に考え，将来の夢や希望を一つでも自己実現できるようにしていくことが重要である。

（田村康二朗）

# 交流及び共同学習

## 交流校との次年度打ち合わせ

### 次年度交流打ち合わせメモ

1　打ち合せ実施日及び場所
　・平成　年　月　日　：　～　：
　・○○特別支援学校応接室

2　打ち合せ会参加者
　・○○特別支援学校…○○教頭，○○教諭
　　　　　　　　　　　○○コーディネーター
　・○○小学校　　　…○○教頭，○○教諭
　　　　　　　　　　　○○コーディネーター

3　交流実施予定日及び場所
　①平成　年　月　日（　）：　～　：
　　○○特別支援学校
　②平成　年　月　日（　）：　～　：
　　○○小学校

　※来年度，年間予定表参照
　※他候補日　○月○日（　），○月○日（　）

4　今年度の反省点

5　来年度に向けた課題と改善点

6　その他

　特別支援学校や小・中学校等が，それぞれの学校の教育課程に位置付けて，障害のある者とない者がともに活動する交流及び共同学習は，計画的・継続的に取り組むことが必要である。

　各学校の教育活動は多くの場合，前年度に評価・反省をした上で，主な年間行事計画を立てていく。そのため，次年度の交流及び共同学習については，各学校あるいは双方の学校で評価・反省をした後，年度中に打ち合わせを行う必要がある。より詳しい打ち合わせについては，新年度に新たな担当者や対象となる児童・生徒が決まってから行う。

　上の用紙は，特別支援学校と小学校，中学校，高等学校との間で，次年度の交流についての打ち合わせを実施する際に使用する「次年度交流打ち合わせメモ」である。今年度の交流に参加した者が，可能な限り複数名で打ち合わせを行う。日程の調整もあるため，管理職や特別支援教育コーディネーターも参加することが望ましい。内容については，交流実施予定日（各校で作成された年間予定表や年間行事計画を持ち寄る。予備日も設定しておく）及び場所，今年度の反省点，来年度に向けた課題と改善点，その他などが考えられる。

　次年度の交流の打ち合わせなので，人事異動や担当学部，校務分掌の変更も考えられるため，しっかりと書類を作り，記録として残しておくことが重要である。また各学校・学部・学年等でも情報を共有しておくことが大切である。

（佐野貴仁）

## 交流に関する評価

| 平成　年度　交流及び共同学習 活動記録用紙 | | |
|---|---|---|
| 平成　年　月　日　記録（　） | | |
| 学部　　　年 | 児童・生徒名 | |
| 交流校名<br>　　市　　　小学校 | 学年・クラス　年　組<br>担任　　　　　　教諭 | |
| 行事名<br>教科名 | 主な活動内容 | 児童の状況 |
|  |  |  |

| 平成　年度　交流及び共同学習 年度末評価・反省会記録用紙 | |
|---|---|
| 平成　年　月　日　記録（　） | |
| 学部　　　年 | 児童・生徒名 |
| 交流校名<br>　　市　　　小学校 | 学年・クラス　年　組<br>担任　　　　　　教諭 |
| 会議参加者 | |
| 今年度の成果と課題 | （1）小学校児童にとって<br>　①成果<br><br>　②課題<br><br>（2）特別支援学校児童にとって<br>　①成果<br><br>　②課題 |
| 次年度 | ・継続の希望の有無<br>・実施回数の希望：　　回<br>・内容の希望 |
| 他 | |

　交流及び共同学習は，児童・生徒の在籍する学校の授業として実施されるものであるので，計画の段階から教育課程上の位置付け，指導の目標等を明確にしておくことが大切である。評価に関しては，交流及び共同学習の活動に対する全体的な評価，児童・生徒の一人一人に対する個々の評価がある。個々の児童・生徒に対する評価では，あらかじめ評価項目や評価方法を設定しておくことが大切である。基本的には，在籍校の教師が主体となって評価表を作成するが，交流校の教師や保護者とともに作成することで，児童・生徒の良い点，伸びた点，見えてきた次の課題などをさらに広い視点で把握することができ，適切な評価につながる。

　上記の表は，特別支援学校で使用している「交流及び共同学習　活動記録用紙」と「交流及び共同学習　年度末評価・反省会記録用紙」である。左の活動記録用紙を毎回の活動後，在籍校の教師が，交流校の教師や保護者の意見を聞き取った上で作成し，今回の交流の反省と次回のより良い交流につなげていく。また，記録の蓄積となり，年度末の評価に生かしていく。右の年度末評価・反省会記録用紙は，年度の最後の交流会が終わった後のできるだけ早い時期に，在籍校の教師と交流校の教師，保護者の三者が集まり会議を実施し，話し合いながら作成していく。この会議は，お互いの児童・生徒にとってよりよい交流に向けて，貴重な意見交換の場であり，より適切な評価につながっていく。

（佐野貴仁）

# 保護者・関係機関との連携

## 個別の教育支援計画の見直し

個別の教育支援計画　360度評価

| 学校間<br>幼・保　小・中<br>個別の指導計画 | 学校<br>教育課程<br>個別の指導計画 | 家庭<br>保護者　施設<br>ショートステイ |
|---|---|---|
| コーディネーター<br>就学相談部 | 担任　教科担当<br>**個別の教育支援計画** | 担任　進路指導部<br>コーディネーター |
| コーディネーター<br>進路指導部 | コーディネーター<br>養護教諭　進路指導部 | 進路指導部 |
| 地域<br>放課後等デイサービス<br>移動支援　体育館・プール | 医療<br>小児科　精神科　保健所 | 進路<br>見学・実習　企業・通所支援<br>就労支援機関　相談事業所 |

個別の教育支援計画の見直しのポイントを下記に挙げる。

### ①本人・保護者の希望の変化

個別の教育支援計画の児童・生徒，保護者の希望は，1年間の学校の学びや体験学習，支援利用により現実的なものになっていく。話し合いの記録を整理し見直すことが大事である。

### ②年間を通した支援機関の評価

個別の教育支援計画は，24時間，365日の支援でもある。普段の日だけではなく，普段と違う夏休みや運動会，文化祭，進級時の様子も把握できる。その時にどのような支援が有効であったか，または，課題となったか整理すると次年度に反省を生かすことができる。

### ③コーディネートの評価

学校がネットワーク支援のコーディネートをしている場合，コーディネートの評価をすることが大事である。1年間を振り返り支援機関と必要な情報交換ができていたか，支援会議は適切であったか，チームアプローチはできていたかなど，本人，保護者をはじめ支援機関から聞き取り，反省し改善を図ることが大事である。

（菊地直樹）

## 移行支援会議の実施：高等部

**卒業後関わる主な支援機関**

| 進路先及び継続・再就職・相談支援 |
| --- |
| 企業，通所支援（就労移行支援，就労継続支援［A型，B型］，生活介護，障害者職業能力開発校，ハローワーク，職業センター，障害者就労・生活支援センター，就労支援センター，相談事業所　等 |
| くらし |
| 居宅支援（ホームヘルプ），短期入所（ショートステイ），自立訓練（通勤寮），共同生活援助（グループホーム），相談事業所　等 |
| 余暇・地域活動 |
| 地域活動センター，移動支援（ガイドヘルプ），行動援護，公開講座，同窓会，スポーツクラブ・サークル，ボランティア，町内会，同級生・同窓生，保護者，相談事業所 |
| 相談・障害基礎年金・金銭管理・トラブル　等 |
| 相談事業所，市区町村福祉の窓口・福祉事務所，年金課，社会福祉協議会，地域福祉権利擁護事業，成年後見人，補助人，補佐人，民生委員，消費者センター，弁護士 |
| 医療機関 |
| 精神科，保健所，訪問看護 |

　移行支援会議は，卒業後の生活が具体化される契約時やそれ以降に，進路先で行うのが望ましい。本人・保護者同様に，進路先も不安は大きい。進路先でこれまで関わった関係者が集まり下記のような要領で支援の確認をすることで，安心につながる。

### ①支援会議のメンバー

　支援会議のメンバーは，個別の移行支援計画の関係機関の支援者である。

### ②具体的な支援の確認

　4月からの仕事・作業・活動等を確認し，本人や進路先に不安がないか話し合う。そして，支援チームの役割分担・調整を協議する。相談等の情報は学校に集約されること，本人・保護者へも共有されることの確認を行う。学校は卒業しても相談できることを，本人はじめ進路先，支援機関にしっかり伝えることが大事である。最後に次回の中間評価の日程を確認する。

### ③コーディネーターの引き継ぎ

　ネットワークのコーディネートは，当面は学校が行うが，徐々に，企業就労であれば障害者就労・生活支援センターまたは就労支援センターへ，福祉の通所支援利用であれば相談支援事業所へ移行していく。その移行方法や時期を支援者全員と共通理解を図る。

（菊地直樹）

**【執筆者一覧】**

| | | |
|---|---|---|
| 原島　広樹 | 東京都立町田の丘学園副校長 |
| 槇場　政晴 | 大阪府立茨木支援学校 |
| 鈴木　敏成 | 東京都立七生特別支援学校 |
| 佐々木　和宏 | 広島市立広島特別支援学校 |
| 田中　晃子 | 広島市立広島特別支援学校 |
| 木村　真規子 | 広島市立広島特別支援学校 |
| 上田　裕子 | 広島市立広島特別支援学校 |
| 井手本　修司 | 広島市立広島特別支援学校 |
| 松本　政則 | 広島市立広島特別支援学校 |
| 川上　清彦 | 広島市立広島特別支援学校 |
| 中島　綾菜 | 広島市立広島特別支援学校 |
| 細内　千恵子 | 広島市立広島特別支援学校 |
| 永野　信哉 | 広島市立広島特別支援学校 |
| 池田　幸枝 | 広島市立広島特別支援学校 |
| 吉野　功祐 | 広島市立広島特別支援学校 |
| 河村　裕子 | 広島市立広島特別支援学校 |
| 中岡　美穂 | 広島市立広島特別支援学校 |
| 竹元　恵美子 | 広島市立広島特別支援学校 |
| 西川　美代 | 広島市立広島特別支援学校 |
| 徳永　和美 | 広島県立呉特別支援学校 |
| 佐野　貴仁 | 埼玉県立特別支援学校塙保己一学園校長 |
| 菊地　直樹 | 東京都立志村学園 |
| 紺野　理鼓 | 東京都立青山特別支援学校 |
| 岩本　真奈 | 東京都立青山特別支援学校 |

**【監修者紹介】**

宮﨑　英憲（みやざき　ひでのり）
東洋大学参与

**【編著者紹介】**

田村　康二朗　東京都立鹿本学園統括校長
緒方　直彦　　東京都教育庁指導部主任指導主事（特別支援教育担当）

はじめての〈特別支援学校〉学級経営12か月の仕事術

| | |
|---|---|
| 2017年4月初版第1刷刊　©監修者 | 宮　﨑　英　憲 |
| 2018年1月初版第2刷刊　編著者 | 田村康二朗・緒方直彦 |
| 発行者 | 藤　原　光　政 |
| 発行所 | 明治図書出版株式会社 |

http://www.meijitosho.co.jp
（企画）佐藤智恵（校正）川村千晶
〒114-0023　東京都北区滝野川7-46-1
振替00160-5-151318　電話03(5907)6703
ご注文窓口　電話03(5907)6668

＊検印省略　　　組版所　株式会社明昌堂

本書の無断コピーは，著作権・出版権にふれます。ご注意ください。

Printed in Japan　　　ISBN978-4-18-159528-9
もれなくクーポンがもらえる！読者アンケートはこちらから →

## 【改訂版】特別支援教育基本用語100

解説とここが知りたい・聞きたいQ&A

1085・A5判・2100円+税

上野一彦・緒方明子・柘植雅義・松村茂治・小林　玄　編

特別支援教育からインクルーシブ教育の時代へ！
すべての教師が，広く深く理解するために，基本用語を教育だけでなく心理学，医学，福祉の関連領域まで広げ，用語を厳選するとともに，教師が日常的に接することの多い大切な質問を選びやさしく解説した。

## そこが知りたい！大解説 インクルーシブ教育って？

合理的配慮って？共生社会って？Q&Aで早わかり

1267・A5判・2000円+税

木舩　憲幸　著

合理的配慮って？共生社会って？Q&Aで早わかり！

「合理的配慮をしなくちゃいけないというけれど，今までの支援とどう違うの？」「特別支援教育はこれからインクルーシブ教育というものになるの？」－近年の動向を整備された法令関係とあわせて，今教室で求められている支援について解説。先生の疑問に答える1冊です。

---

明治図書　携帯・スマートフォンからは　**明治図書ONLINEへ**　書籍の検索，注文ができます。▶▶▶

http://www.meijitosho.co.jp　＊併記4桁の図書番号（英数字）でHP，携帯での検索・注文が簡単に行えます。

〒114-0023　東京都北区滝野川7-46-1　ご注文窓口　TEL 03-5907-6668　FAX 050-3156-2790

＊価格は全て本体価表示です。

## 特別支援教育
# 1から始める教科学習
# 「感じる・考える・伝え合う」授業づくり

2063・B5判・2200円+税
新井　英靖　監修
茨城大学教育学部附属特別支援学校　著

特別支援教育とアクティブ・ラーニング

国語・算数ほか教科の授業づくりの実践的入門書。①学習課題をアセスメントから導き出し②学習活動・教材を子どもの興味から考え③子どもが「感じる・考える・伝え合う」授業づくりを目指します。それはアクティブ・ラーニングや言語活動の充実につながる授業です。

**姉妹編** 1から始める自立活動　コミュニケーション力を育てる授業づくり
1246・B5判・2000円+税　新井　英靖　監修／佐藤　まゆみ　著

## 好評シリーズ　＜特別支援教育＞学びと育ちのサポートワーク
つまずきのある子のためのスモールステップでおだやかな変化あるワーク集です。

❶ **文字への準備**　チャレンジ編
（0874・B5判・2060円+税）

❷ **数への準備**　チャレンジ編
（0875・B5判・2060円+税）

❸ **国語「書く力、考える力」** 基礎力アップ編
（0876・B5判・2200円+税）

❹ **算数「操作して、解く力」** 基礎力アップ編
（0877・B5判・2260円+税）

❺ **ソーシャルスキル**「柔軟性」アップ編
（1814・B5判・2200円+税）

**明治図書**　携帯・スマートフォンからは　**明治図書ONLINEへ**　書籍の検索、注文ができます。　▶▶▶
http://www.meijitosho.co.jp　＊併記4桁の図書番号（英数字）でHP、携帯での検索・注文が簡単に行えます。
〒114-0023　東京都北区滝野川7-46-1　ご注文窓口　TEL 03-5907-6668　FAX 050-3156-2790

＊価格は全て本体価格表示です。

# 発達障害のある子の父親ストーリー

## 立場やキャリア、生き方の異なる14人の男性が担った父親の役割・かかわり

ISBN2699・A5判・192頁・2160円+税　　アスペ・エルデの会 編

発達障害について国の施策を動かすスーパーファーザーから地域で草の根レベルの支援活動をする父親、自身の趣味を活かして社会への理解と支援を求める父親…のストーリー。わが子が過ごしやすい社会になることを何より願う父親たちの生き方、役割・かかわりがわかる。

### 執筆者
- 福島　豊（元衆議院議員）
- 野沢和弘（毎日新聞論説委員）
- 山岡　修（一般社団法人日本発達障害ネットワーク元代表）
- 大屋　滋（旭中央病院脳神経外科部長）
- 市川宏伸（児童精神科医）
- 大塚　晃（上智大学教授）
- 南雲岳彦（Run4u代表）
- 小原　玲（動物写真家）
- 笹森史朗（会社員）
- 岡田稔久（くまもと発育クリニック）
- 新保　浩（一般社団法人そよ風の手紙代表理事）
- 藤坂龍司（NPO法人つみきの会代表・臨床心理士）
- うすいまさと（シンガーソングライター）
- 赤木慎一（NPO法人アスペ・エルデの会）

---

## 特別支援教育サポートBOOKS
## はじめての特別支援教育ガイド
### マンガでがってん！

大西潤喜 著

- つまずきを支援する**学習プリント付き**
- 周りの子の理解を深める**道徳資料付き**

苦手さのある子を担任したら、特別支援教育担当になったら、まず読みたい入門書。マンガで具体場面を紹介しており、読めば納得、理解が深まります。発達障害のある子のつまずきへの理解やサポート方法、周囲の子どもたちの理解を促す道徳授業づくり・資料などを掲載。

ISBN2499・A5判・152頁・2000円+税

---

## 発達障害のある子が育つ150の学習課題＆学び術

添島康夫 著

発達障害のある子が苦手な「課題遂行の力」「学び・考える力」を伸ばし、自我を育てる学習課題や学び術を150紹介。「ハノイの塔」（プランニング）「記憶ゲーム」（ワーキングメモリー）「伝言ゲーム」（聞く力）「なぞなぞ漢字」（書く力）等。発達の質的段階表付。

ISBN2500・A5判・184頁・2200円+税

### 関連書籍
## 発達障害のある子の「育ちの力」を引き出す150のサポート

添島康夫 著

ISBN1647・A5判・184頁・2200円+税

---

**明治図書**　携帯・スマートフォンからは **明治図書ONLINEへ**　書籍の検索、注文ができます。▶▶▶

http://www.meijitosho.co.jp　＊併記4桁の図書番号（英数字）でHP、携帯での検索・注文が簡単に行えます。

〒114-0023 東京都北区滝野川7-46-1　ご注文窓口　TEL 03-5907-6668　FAX 050-3156-2790

＊価格は全て本体価格表示です。

**特別支援学校＆学級で学ぶ！**

# 国語・算数 基礎から学べる学習課題100

発達段階にあわせてグッドチョイス！

1816・B5判・2300円＋税　是枝 喜代治 編著

### 子どものできた！を増やす指導アイデア、見取り方

障害のある子どもの指導では、実態やニーズ、特性に応じて学習の課題を設定することが求められています。本書では国語・算数の学習の順序性を大切にしながら、学習課題のアイデアを100紹介！指導のアイデアに加え、子どものつまずきの見取り方を丁寧にまとめました。

---

**特別支援学校＆学級で学ぶ！**
## 自立活動の授業de ライフキャリア教育
渡邉 昭宏 著
1937・A5判・1860円＋税

**生活の質・人生の質がアップする！**
## キャリア教育を取り入れた特別支援教育の授業づくり 実践編
上岡 一世 著
1938・A5判・2300円＋税

通常の学級には発達障害の疑いのある子が6.5％いる？インクルーシブ教育時代、障害のある子もない子も共に学ぶ？どうぞ不安にならないでください。特別支援教育は一番笑顔が似合う教育です。子どもも保護者も、先生だって。本書が笑顔の作り方を伝授します。

**スペシャリスト直伝！**
## 通常の学級 特別支援教育の極意
読めばニッコリ、笑顔エネルギーが貯まる本
田中 博司 著
1636・A5判・1800円＋税

---

**明治図書**　携帯・スマートフォンからは **明治図書ONLINE へ**　書籍の検索、注文ができます。　▶▶▶

http://www.meijitosho.co.jp　＊併記4桁の図書番号（英数字）でHP、携帯での検索・注文が簡単に行えます。

〒114-0023　東京都北区滝野川7-46-1　ご注文窓口　TEL 03-5907-6668　FAX 050-3156-2790

＊価格は全て本体価格表示です。

# 知的障害のある子への 文字・数 前の指導と教材

楽しく学べるシール貼りワーク＆
学習段階アセスメント表付き

0632

B5判・128頁・2200円+税　　　大高正樹 著

### 重度知的障害のある子へのアセスメント＆指導・教材

重度知的障害のある子どもの実態をいかにとらえて（アセスメント）指導に生かすとよいか，教材をキーにまとめた。事例は教育課程上，知的障害特別支援学校の「国語・算数」あるいは「自立活動」に相当する内容で子どもが自ら伸びていく手助けを教師が行うことを目指す。

## 文字作りシール貼りワーク

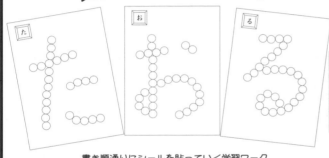

書き順通りにシールを貼っていく学習ワーク

## リサイクル素材で作る教材

ガチャガチャのカプセルを使った筒入れ教材→

←割り箸を使った棒さし教材

アイスカップと1口ゼリーを使った大きさの弁別教材→

---

# 知的障害のある子への 日常生活 の指導と教材

楽しく学べる絵カード全データ＆
学習段階アセスメント表付き

0639

**姉妹版**　CD-ROM付き

CD-ROM付き・B5判・120頁・2560円+税　　　大高正樹 著

荷物整理，衣服や靴の着脱，給食準備，朝の会，掃除など知的障害のある子どもへの日常生活の指導を絵カードや文字カードを使って楽しく，その子にあわせて行うアイデアをまとめました。アセスメントシート付き。絵カード等データはCDに全収録，カラー版もあります。

---

**明治図書**　携帯・スマートフォンからは **明治図書ONLINE** へ　書籍の検索，注文ができます。▶▶▶

http://www.meijitosho.co.jp　＊併記4桁の図書番号（英数字）でHP，携帯での検索・注文が簡単に行えます。

〒114-0023　東京都北区滝野川7-46-1　ご注文窓口　TEL 03-5907-6668　FAX 050-3156-2790

＊価格は全て本体価格表示です。